本书为教育部人文社科青年基金项目"资源性商品国际定价格局及中国策略研究—基于组织博弈视角"（13YJC790145）的研究成果

新形势下
嵌入渠道权力的钢铁产品
定价机制研究

王淑云◎著

XINXINGSHIXIA QIANRU QUDAO QUANLI DE
GANGTIE CHANPIN DINGJIA JIZHI YANJIU

经济管理出版社
ECONOMY & MANAGEMENT PUBLISHING HOUSE

图书在版编目（CIP）数据

新形势下嵌入渠道权力的钢铁产品定价机制研究/王淑云著 .—北京：经济管理出版社，2022.10

ISBN 978-7-5096-8762-8

Ⅰ.①新…　Ⅱ.①王…　Ⅲ.①钢铁工业—工业产品—定价原则—研究—中国　Ⅳ.①F426.31

中国版本图书馆 CIP 数据核字（2022）第 187550 号

组稿编辑：任爱清
责任编辑：任爱清
责任印制：黄章平
责任校对：陈　颖

出版发行：经济管理出版社
　　　　　（北京市海淀区北蜂窝 8 号中雅大厦 A 座 11 层　100038）
网　　址：www.E-mp.com.cn
电　　话：（010）51915602
印　　刷：唐山玺诚印务有限公司
经　　销：新华书店
开　　本：720mm×1000mm/16
印　　张：11.5
字　　数：196 千字
版　　次：2022 年 11 月第 1 版　2022 年 11 月第 1 次印刷
书　　号：ISBN 978-7-5096-8762-8
定　　价：89.00 元

前　言

　　钢铁产品属于工业基础材料；钢铁工业是国民经济的重要支柱产业，对上下游产业均具有非常大的影响力，是具有战略地位的制造业部门。经济学家通常把钢产量或人均钢产量作为衡量各国经济实力的一项重要指标。因此，钢铁产业在拉动内需、促进经济发展及稳定物价等方面具有重要的地位和作用，尤其是钢铁价格是否合理对社会经济发展的平稳与否具有直接影响。

　　我国是钢铁生产和消费大国。近年来，一方面，中国钢铁产业在数量上快速增加。国家统计局公布的行业运行数据显示：2020 年，中国生铁、粗钢和钢材累计产量分别为 8.88 亿吨、10.53 亿吨和 13.25 亿吨，分别同比增长 4.3%、5.2% 和 7.7%；从 1995 年开始，中国的年产量连续 25 年保持世界第一。另一方面，中国供给侧结构性改革、节能减排、取缔"地条铁"等相关产业政策频出，产能过剩、订单减少、营销不畅、渠道冲突凸显、企业盈利下滑甚至亏损、兼并重组成为钢铁行业的新常态。同时，钢铁产品价格方面存在两个异常现象：一是钢铁市场价格高频大幅震荡；二是一直存在出厂价大于当地市场价的价格"倒挂"现象。钢铁企业存在重生产、轻管理、弱营销的现象，一方面导致产能过剩，另一方面需求又难以"多快好省"地得到满足。价格对市场的调节作用失效，流通链两端利益受损。这些问题不仅严重影响了钢铁企业的盈利能力和健康发展，也阻碍了整个钢铁产业的良好运行及上下游产业的平稳发展。

　　市场价格的高频大幅震荡，说明钢铁产品市场价格对实现资源有效配置的作用已经失效，价格机制已经失灵；价格"倒挂"反映的既是价格问题，也是渠道管理问题，深层次来讲是定价权问题。并且这两个价格异常现象之间并不是相互孤立的，而是相互"推波助澜"的关系：价格的异常波动助推了价格"倒挂"的存在和幅度；价格的持续"倒挂"对国内钢铁产品市场价格的稳定又有不利影响。两个问题的焦点是钢铁产品的价格问题，直接反映钢铁企业的定价决策问题，背后是钢铁产品的定价机制问题。为此，本书尝试从对市场价格异常波动及价格"倒挂"异常现象的剖析出发，对新形势下潜伏在价格问题背后的钢铁产品定价机制进行系统研究，以期挖掘我国钢铁产业中价格策略和营销渠道方面存在的潜在问题并提出针对性的对策建议，这对于制定符合市场经济发展和我国钢铁行业现状及特点的钢铁产品定价机制、完善市场营销渠道和价格管理、推动我国钢铁产业的健康发展，都具有重大的理论和实践意义。

钢铁产品存在的两个价格异常现象涉及定价权以及渠道冲突的问题，渠道冲突又是权力使用效果之一。因此，本书尝试将渠道权力嵌入钢铁生产企业（以下简称钢厂）的定价决策中，研究钢铁产品的定价机制。首先基于钢铁行业所处的新形势，构筑与时俱进的战略导向的定价决策流程框架，将市场价的形成机制跟出厂价决策纳入同一个分析系统中；其次对嵌入渠道权力的钢铁产品定价机制及相关的渠道管理问题进行探索性研究。具体内容如下：

首先，从钢铁产品的价格异常现象出发，阐述选题背景和研究意义、界定基本概念、描述研究问题、选择研究方法、确定本书结构及逻辑路线等，这构成了本书的第一章绪论。然后就相关理论和已有研究进行阐释和综述，主要包括价格理论和渠道权力理论以及钢铁行业的价格行为决策和钢铁营销渠道的已有研究，这构成本书的第二章相关理论与已有研究。

其次，在对比相关理论和研究问题的基础上，分析钢铁定价机制的演变历程，强调了定价决策的战略意义，构筑了新形势下战略导向的定价决策流程框架。该流程框架包括预测市场价、确定价格目标、选择定价方法和策略、构建价格方案（出厂基准价和优惠政策）以及价格的执行与调整五个主要步骤。其中第一步骤是对钢铁产品市场价格的趋势预判，能够展示钢铁产品市场价格的形成机制，而后续的其他步骤则体现钢铁产品钢厂出厂价的定价机制。这构成本书第三章钢铁产品定价机制的研究设计。

本书认为，对钢铁产品市场价格的研究是钢厂定价的基础环节，也是钢厂提高定价决策科学性和有效性的基本功。对该问题的深入分析，一方面，可以回答钢铁价格异常波动的可能原因；另一方面，为后续企业定价策略的选择完成了经济背景分析。本书采用 VAR、线性回归模型、ECM 模型、脉冲响应和方差分解等方法对钢铁产品市场价格的形成机制进行了定量分析，以上内容构成本书的第四章钢铁产品市场价格形成机制实证分析。

再次，在分析经济环境后，从渠道权力视角，采用解释学的方法研究定价机制问题。第一，将深度访谈录音转化为文本材料，初步分析发现了钢铁流通领域的渠道权力类型以及渠道权力明显的阶段性，遂将2000年至今划分为三个时间阶段。结合渠道理论和定价理论，确定从渠道权力到定价机制的分析流程。第二，主体内容是对文本进行深入挖掘：第一环节是沿用资源—依赖—权力—权力结构的路线分析渠道权力。第二环节是渠道权力的使用和权力结构对钢厂定价决策流程各个环节的影响分析。分析发现，在三个时间阶段，渠道权力结构大致经历了从低度依赖的基本均衡到失衡再到高度依赖的基本均衡的演变过程；渠道权力的使用效果、权力结构对定价决策各环节的影响也存在差异。以上内容构成本书第五章钢铁产品出厂价格定价机制探索性研究。

最后，基于文本进行三方面拓展讨论：①发现钢铁流通领域①中信息化和金融化不断深化和普及，并对钢铁营销渠道和定价机制产生了重要影响。②发现中国钢铁流通领域中存在着渠道权力失衡、渠道冲突频发及渠道关系短视等问题。针对这些问题，对钢厂提出降低产能、深化营销改革等管理建议；对钢贸商提出投资"稀缺性"资源、改善渠道权力劣势、增加个性化增值服务和完善商业模式等方面的建议；并从政策层面，建议提高钢贸商准入门槛、规范钢铁销售制度。③剖析钢铁产品价格"倒挂"的真实原因是市场经济和定价机制尚未成熟。针对价格问题，提出从定价决策流程完善定价机制的建议，并强调减少投机行为、完善期货市场的必要性，最后从行业层面上提出政策改革建议。上述内容构成本书第六章拓展讨论及管理启示。并在此基础上，对全书做一总结，提出进一步研究的方向，构成第七章结论与进一步研究方向。

本书有以下三个创新点：

（1）链接了经济学对钢铁产品市场价格和管理学对钢厂价格行为的研究。提出了新形势下钢铁企业战略导向的定价决策流程框架，将钢铁产品市场价的形成机制与出厂价的定价决策纳入同一分析框架下进行系统研究，在以往的经济学研究市场价与管理学研究出厂价的相对割裂的理论研究之间搭建了一座桥梁，拓展了对钢铁产品定价机制的理论研究。

（2）开拓了渠道权力在钢铁定价机制研究中的应用。以往对钢铁产品的定

---

① 钢铁产品的流通领域是指钢铁产品及相关信息从钢厂到终端消费者的有效流动的全过程，涉及物流、商流、资金流和信息流。其中物流涉及运输、储存、加工、配送的优化管理，属于供应链管理的研究视角；商流涉及所有权的转移，属于营销渠道的研究视角。

价研究主要是市场价形成机制及影响因素或者定价方法、定价策略等研究，本书将渠道权力嵌入钢厂战略导向的定价决策流程中，对钢铁产品的流通领域中的渠道冲突问题和定价机制问题进行联合研究，增补了市场营销学对定价机制理论的研究视角。

（3）尝试了以定性解释学方法研究钢铁定价机制。定性的解释学方法在市场营销学领域的应用目前集中于发现取向的消费者研究和品牌研究，而钢铁产品价格已有研究主要采用定量方法和案例分析。因此，本书选用解释学方法是定价机制和价格行为研究在研究方法上的一种尝试，也是该方法在市场营销学研究领域应用的一种拓展。

目　录

表目录

图目录

第一章　绪论

钢铁产品是以铁为主要元素的金属材料的统称，其形态主要包括生铁、钢、钢材、铁合金等。生产钢铁产品的工业称为钢铁工业，也称黑色冶金业，是重要的基础工业部门，是发展国民经济与国防建设的物质基础，是世界所有工业化国家的基础工业之一。钢铁工业发展水平是衡量一个国家工业化的标志。钢铁工业的正常发展离不开钢铁价格机制的良好运行；而价格策略又是钢铁企业健康成长的关键。

第一节　钢铁对国民经济的意义及存在的问题

一、钢铁对国民经济的意义

自新中国成立以来，中国钢铁工业经历了跌宕起伏的发展，不论是在产业规模方面还是在产业质量方面都取得了举世瞩目的成绩。在规模方面：1949 年中国钢铁产量为 15.8 万吨，占世界总产量的比重不足 0.1%；1996 年，产量超过日本，升至世界第一，总产量占比升至 13.4%。工信部公布数据显示：2020 年，中国生铁、粗钢和钢材产量分别为 8.88 亿吨、10.53 亿吨和 13.25 亿吨，同比分别增长 4.3%、5.2% 和 7.7%。世界钢铁协会（World Steel Association）统计数据显示：中国生铁和粗钢的总产量占世界总产量比值均超 50%。在质量方面：钢铁工业结构进一步优化，科技创新水平明显提高。同时，钢铁工业作为中国供给侧结构性改革的先行者，通过调整思路、改革技术、完善工艺、加强管理等手段来降本增效，取得了一定的成绩。在科技专利方面，各类创新成果不断涌现，中国已经拥有了一批国际首发且具有重大影响力的产品和技术；截至 2022 年 5 月 20 日，中国是全球第一大钢铁技术来源国，钢铁专利申请量占全球钢铁专利总申请量的 61.72%；中国钢铁某些品类在技术成熟度和工艺先进性方面都已经站到世界前列。

自市场经济体制改革以来，稳定物价既是我国各级政府制定宏观经济政策的重要目标之一，也是微观市场治理的重要内容，因此，深刻认识和理解商品价格行为是政策制定和微观企业管理共同关注的焦点之一（黄新飞等，2014）。钢铁产业涉及面广，产业关联度高。钢铁产品价格是否合理，会对生产企业、上下游企业乃至当地经济和整体经济产生传导联动效应。从微观上来讲，短期内产品价格会直接影响销量和利润，长期内产品价格会影响和制约钢铁企业的生存和发展。从宏观上来讲，价格是市场经济的核心要素，钢铁产业是国家经济的支柱产业，因此，钢铁价格会对钢铁产业、国民经济、财政税收、社会发展、国家建设及稳定等方面产生重大影响。

二、存在的问题

我国钢铁产业在飞速发展取得辉煌成绩的同时，也存在一些问题，尤其是在价格方面。近几年，钢铁产业的供给能力超过有效需求，成为典型的产能过剩部门。在供给侧结构性改革、节能减排、取缔"地条铁"等国家一系列宏观政策调控下，去产能、去杠杆、环保高压、兼并重组成为了钢铁行业的新常态。尽管保持钢铁价格的稳定一直是政府宏观调控的重点，但成果并不显著。近年来，钢铁流通领域价格异常问题凸显，渠道冲突频发，典型问题有两个：

（1）钢铁价格大幅异常波动。综观 2005～2018 年，中国钢材综合价格和代表性品种螺纹钢的价格都经历了非常高的峰顶和异常低的谷底（见图 1-1）。中国钢材综合价格在 2008 年 7 月达到 6805.51 元/吨，而在 2015 年 12 月跌至 2297.13 元/吨，不到峰顶时的 1/3。螺纹钢的市场价格 2008 年 5 月达到 5714 元/吨，而在 2015 年 12 月跌到 1947 元/吨。

（2）钢铁流通领域经常出现钢铁产品出厂价大于当地市场价的价格"倒挂"。从价值链视角分析，钢铁产品的价格传导机制应该是钢铁企业的出厂价加上中间营销环节的交易成本后构成就近地区的市场价（见图 1-2），即以主流的营销渠道钢铁贸易商（以下简称钢贸商）为例，逻辑关系应该为：

钢厂出厂价+钢贸商运营成本及利润=当地市场价　　　　　　　　（1-1）

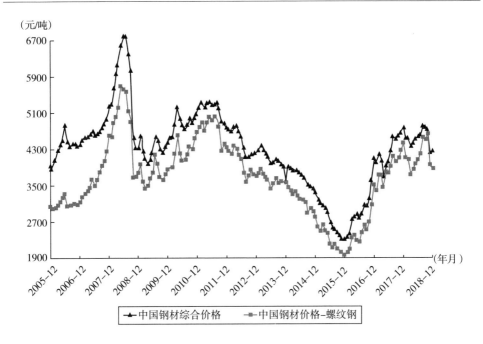

图 1-1 中国钢材综合价格及螺纹钢价格变化趋势

资料来源：中经网产业数据库。

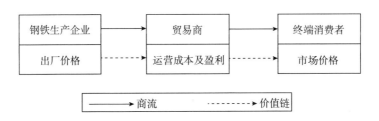

图 1-2 钢铁产品出厂价到市场价的演变路径

然而实际情况却与理论分析结果相去甚远。以用途最广泛的螺纹钢 HRB400 为例，将南京钢铁和沙钢集团的螺纹钢出厂价与就近南京地区的螺纹钢市场价对比、以包钢集团的螺纹钢出厂价与就近北京地区的螺纹钢市场价对比，发现钢厂出厂价大于当地市场价的"倒挂"现象普遍存在（如图 1-3 所示）。

三、本书研究的意义

钢铁产业是我国的支柱产业，是国家经济发展水平和综合国力的重要标志。钢铁价格是国民经济的象征性指标之一，钢铁价格波动会对整个国家经济的正常

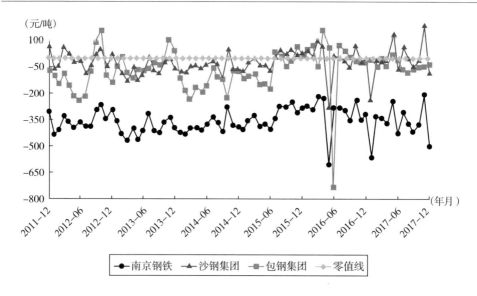

图 1-3　螺纹钢钢厂出厂价与当地市场价的"倒挂"①

资料来源：我的钢铁网，http：//sem. mysteel. com。

运行产生较大影响，同时价格波动是与该产品交易相关联的企业经营风险产生的一个主要原因（曹玉珊，2012）。理论界对钢铁价格的研究，大多集中于产业经济学、国际贸易等经济学领域，或者在宏观视角或产业层面上，基于微观企业视角的研究较少。市场营销是从企业视角出发研究如何将合适的产品采取适当的促销方式，通过合适的营销渠道，以适当的价格转移到买方手中。1960 年 E. Jerome McCarthy 在他的《基础营销学》教材中，将企业的营销组合要素归纳为产品策略（Product strategy）、定价策略（Pricing strategy）、分销策略（Placing strategy）和促销策略（Promotioning strategy），即著名的"4Ps"组合，得到人们广泛认同并被普遍引用。因此，自市场营销学从经济学分离出来以来，对定价策略、分销渠道、促销策略等研究浩瀚。本书的研究者对主要的中外文数据库，像 Ebsco、Elsevier、Emerald、Springer、Wiley、中国知网、SCI/SSCI 数据库（科学/社会科学引文索引数据库）、万方、超星等，输入"钢铁价格""钢铁定价""定价机制""价格倒挂""钢铁营销渠道""钢铁促销"等关键词进行检索，然后通过对为数不多的相关文献进行梳理发现：对钢铁价格的研究大多基于钢铁行业层

---

① 图 1-3 中纵坐标是当地市场价与钢厂出厂价的差值。

面，对价格（某些）影响因素进行实证分析，极少涉及定价机制。在微观企业层面上，主要是对企业实践中的定价方法、定价模式等问题进行归纳整理，缺少对钢铁企业定价决策的系统研究。

目前，中国的钢铁工业处于供过于求、盈利艰难的新形势，企业的定价决策会直接影响到企业的销售、市场占有率及利润，因此，如何规范定价流程，如何管理营销渠道、制定合适的定价策略，对钢铁企业的生存和发展具有重要意义。另外，由于价格"倒挂"涉及定价权，又引起渠道冲突。鉴于此，本书基于目前钢铁行业所处的新形势和钢铁企业价格管理现状，构筑钢铁企业战略导向的定价决策流程框架。并将渠道权力嵌入定价决策流程中，在剖析两个价格异常现象原因的基础上，系统分析潜伏在价格问题背后的钢铁定价机制以及渠道冲突问题，并提出针对性的对策和建议，这对规范钢铁企业的价格行为、完善价格策略及推动营销管理、理顺钢铁流通领域的渠道冲突与协作、健全钢铁产品定价机制、深化我国钢铁产业体制改革等方面都具有非常重要的理论和现实意义。

综上所述，本书在理论方面：在一定程度上弥补了钢铁企业定价策略、定价机制理论系统研究的欠缺与不足。将渠道权力在定价决策中的使用效果引入钢铁领域，采用解释学方法研究嵌入权力的定价机制问题。这是对渠道权力应用领域和研究方法上的拓展。在实践方面：对钢铁营销渠道问题的研究以及钢铁产品定价机制的深度梳理和系统剖析，对钢铁企业更好地预测价格趋势、制定更贴近于市场价的出厂价以及更好地解决跟钢贸商的渠道冲突都具有很好的指导和借鉴意义，对完善钢铁产品的生产与流通及上下游产业的健康稳定运行具有一定的管理启示和政策参考价值。

第二节　概念界定与问题描述

一、基本概念界定

（一）新形势

钢铁工业在国民经济中占据重要地位，决定了其市场体制改革历程和市场化水平跟其他产业有较大差距。作为大宗基础商品的钢铁，具有固定资产占比高、产量调整难度大（周期长、成本高）的特点，供给在短期内具有刚性，而市场需求弹性小，即价格的升降对需求量的刺激较弱。当销售不畅时，降价不一定带来销量/销售额的相应增加①，涨价情况类似。供给和需求这两个特点极大地限制了价格作为供需调控手段的有效性和及时性。另外，由于钢铁是关乎国计民生的基础产品，因此，自 2004 年以来，政府一直在试图通过宏观调控来管理市场，结果更加扭曲了市场信号，地方政府和企业微观主体对失真的市场信号过度反应推动了产业的非常态增长，造成产能严重过剩、产业组织结构不合理、市场恶性竞争等一系列问题（齐建国等，2015）。

目前，在供给侧改革、节能减排、取缔"地条铁"等国家相关政策调控下，去产能、去杠杆、环保高压、兼并重组成为钢铁行业的主要压力。另外，B2B 电商盛行，价格、供求、库存等各方面信息透明度大大提高。在产能严重过剩、竞争同质化的市场中，企业销售难度越来越大，订单不足、企业处于微利甚至亏损成为常态。即使如此，钢厂的定价决策受传统习惯的影响，并未充分考虑钢贸商的利益，导致钢铁流通领域经常出现出厂价大于当地市场价的价格"倒挂"现象，这不仅影响钢厂的生产和销售，而且会加剧渠道冲突，影响钢铁产品的正常流通。分析发现：由于钢铁在流通领域中，钢厂和钢贸商的权力不对称，因此渠道成员关系不是合作共赢而是竞争对峙，价格"倒挂"是这个问题的显性表现。

通过以上分析，本书将新形势界定为：国家相关政策趋紧，钢铁行业产能过剩，钢铁产品价格涨跌频繁、振幅较大，钢铁企业订单减少、销售不畅、库存上升、利润微薄，以及钢铁营销渠道权力不对称、价格"倒挂"、钢厂和钢贸商对峙冲突不断的产业新常态。

（二）价格"倒挂"

广义上的价格"倒挂"是指由于某些特定原因，商品价格在价值链、流通环节或产销地区间出现的价格反常现象，例如：中国有些地区商住用地价格比住宅用地产价格低（唐健等，2011）、粮食的销售区价格比生产区价格低、"稻强米弱"和"麦强面弱"的成品粮价格比原粮价格低、WTI 和 Brent 原油价格"倒挂"（褚王涛和徐召辉，2011）、中国制造出口的产品国外价格比国内价格低等。价格"倒挂"属于违反正常价值规律的异常现象，会给相关产业及利益相关者

---

① 农业中流行着一种说法即"谷贱伤农"，新形势下的钢铁行业同样存在"铁贱伤工"的问题。

带来不利的影响。

在商品的流通领域中，中间贸易商的运营成本主要包括运费、仓储费及资金成本，因此，在理论上，商品的出厂价和市场价之间应该满足式（1-2）：

出厂价＝市场价-运费-仓储费-资金成本-贸易商盈利 　　　　　（1-2）

在中国钢铁流通领域实践中，与理论分析结果相反，普遍存在着钢铁产品出厂价高于当地市场价的问题，本书研究的价格"倒挂"就是指钢铁产品流通领域中普遍存在的钢厂出厂价高于当地市场价的价格异常现象。

二、研究问题

通过对钢铁产品价格异常现象的思考，本书做以下四方面分析：一是钢铁产品价格大幅异常波动的原因是什么？价格波动的影响因素有哪些？二是钢厂的出厂价是如何确定的？钢铁产品出厂价的定价权是在钢厂还是钢铁营销渠道成员（如钢贸商）手中？三是关于价格"倒挂"问题：它是表象还是真实的？如果是真实的，那么按照图1-2所展示的从出厂价到市场价的演变路径来看，作为贸易中介的传统钢贸商，如何生存？对比近几年发展迅速的钢铁电商交易平台，钢厂还需要钢贸商来销售产品吗？如果答案是肯定的，那么渠道冲突问题必须解决。而渠道冲突通常由渠道权力结构失衡引起，属于渠道权力使用效果之一。那么在钢铁产品流通领域中（钢厂和钢贸商）渠道权力是怎样的？对定价机制又产生怎样的影响？与价格"倒挂"之间是什么关系？四是价格的高频异常波动跟价格"倒挂"是什么关系？

通过对以上问题的理解，结合相关理论、已有研究以及与相关实践专家的交谈整理了以上问题的关系。市场价格的高频异常波动，说明价格机制已经失灵。价格"倒挂"反映的是价格的问题，背后是定价权问题，涉及渠道管理的问题，需要分析钢铁产品市场价和出厂价的形成机制；因此，两个问题的焦点是钢铁产品的定价问题，直接反映钢铁企业的定价策略问题，背后是钢铁产品的定价机制问题。

综上所述，本书的研究问题有三个：一是在新形势下，钢铁产品的定价机制是什么样的？钢铁企业的定价决策应该如何制定？渠道权力对定价决策产生了怎样的影响？二是通过对这些问题的分析，找到：钢铁市场价格高频大幅波动和价格"倒挂"的原因是什么？两者的关系又是什么？以及潜伏在现象问题背后的营销渠道的问题和定价机制的问题有哪些？三是在以上分析的基础上可以做哪些拓展，得到哪些启示？应该提出怎样的对策建议？为了解决上述三个问题，本书在分析新形势下定价决策意义的基础上，构筑战略导向的定价决策流程框架。将对钢铁产品市场价格的科学预测作为企业定价决策的基本功，纳入定价流程框架下。然后从权力视角分析企业流通领域中渠道权力结构及其对定价决策的影响。在剖析钢铁产品价格异常原因的基础上，系统分析钢铁流通领域中的渠道冲突和定价机制问题。

第三节　研究方法

研究方法的科学性及合理性对于研究问题本身的重要性不言而喻。但任何研究方法都有其优点和不足，"适合的就是最好的"；研究问题决定研究方法，针对具体的问题，选择合适的研究方法。本书采用定量实证分析与定性探索性研究结合的方法。

一、定量实证分析

本书从分析价格异常现象出发，将所有的价格问题统一到钢铁企业战略导向的定价流程框架下进行系统分析。将对钢铁产品市场价预判作为做好定价决策的基本功，即明确钢铁市场价的形成机制以及显著性影响因素是企业战略营销定价的首要环节。该问题的深入分析不仅可以回答市场价异常波动的可能原因，也为后续企业定价策略的选择完成经济背景分析。因此，本书在第三章构建战略导向定价流程框架后，在已有研究的基础上，对钢铁产品的市场价进行定量实证分析。

具体来讲，首先分析各潜在影响因素对钢铁市场价的长期影响。其次进行短期影响修正。长期影响分析有两种：VAR 模型（Vector Auto-Regressive，VAR）和多元线性回归（Multiple Linear Regression，MLR）。各因素短期影响可以用短期修正模型（Error Correction Model，ECM）进行修正分析。最后运用脉冲响应（Impulse Response Function，IRF）和方差分解（Variance Decomposition，VD），对当存在外部冲击时各因素对价格波动的冲击力度和解释度进行分析。

二、定性探索性研究

本书从钢铁价格的异常现象出发，希望找出潜伏在现象背后的问题真相进而剖析造成异常现象的根本原因。价格"倒挂"是定价决策问题，实质是定价权的问题，直接引发渠道冲突；因此，本书尝试将渠道权力嵌入钢铁企业战略导向的定价流程框架下做系统分析。权力源于依赖，依赖具有相对性；渠道权力又是动态变化的。因此，渠道权力及其对定价流程的各个环节的影响，难以准确计量。综上分析，本书认为，相比定量分析而言，定性探索性研究方法更合适，遂选择解释学研究方法。

解释学研究方法（Hermeneutic Approach）是以"人们通过对自己生活/工作经验加以表达所获得的创造性资料"作为分析基础，认为理论是一种社会建构，是植根于特定历史和文化的人们协商、对话的结果（Eckartsberg，1998）。本书采用解释学研究方法，通过深度访谈获取钢铁流通领域中渠道成员之间的真实的权力依赖状况，分析渠道权力的使用和渠道权力结构对定价决策的影响；以期在解释价格异常问题原因的同时，能更具针对性地解决钢铁流通领域的渠道冲突问题，完善钢铁产品的定价机制，推动钢铁及相关产业的健康发展。

第四节　研究内容

一、本书的章节安排

第一章为绪论。阐述钢铁对国民经济的意义及钢铁价格存在的问题、界定基本概念、描述研究问题、确定研究方法和研究内容。虽然中国的钢铁行业在整个产业链、国家经济乃至全球经济中具有重要地位和战略意义，但却存在市场价格高频异常波动以及出厂价大于当地市场价的价格"倒挂"现象，本章对钢铁价格的两个异常问题进行系统思考，提出研究问题，并根据研究问题选择研究方法，确定研究逻辑路线。

第二章为相关理论与已有研究。介绍本书涉及的相关理论：首先是价格理论与定价机制。其次是在对企业价格行为从定价目标、定价策略和定价方法视角进行综述的基础上，分析国内关于钢铁价格的已有研究成果，并结合钢铁期货市场的发展，对期货定价思想和套期保值与投机进行综述。再次是渠道相关理论。从营销渠道的范畴界定出发，分析渠道权力的来源、种类及使用效果，阐述渠道冲突与渠道协调；并对渠道协调的核心问题——渠道定价进行综述。最后介绍中国钢铁营销渠道的现状及价格问题。

第三章为钢铁产品定价机制的研究设计。在分析中国钢铁工业发展历程及定价机制演变历史的基础上，提出新形势下具有战略导向的定价决策流程框架。该流程框架包括预测市场价、确定价格目标、选择定价方法和策略、构建价格方案（出厂基价和优惠政策）以及价格的执行与调整五个主要步骤。其中，第一步骤是对钢铁产品市场价格的趋势预判，能够展示钢铁产品市场价的形成机制，而后续的其他步骤则体现钢铁产品出厂价的形成机制。因此本书的第四章和第五章分别为钢铁产品市场价和出厂价形成机制的研究。

第四章为钢铁产品市场价格形成机制实证分析。本章认为对钢铁产品市场价格的研究不仅是钢厂定价的基础环节，也是钢厂提高定价决策科学性和有效性的基本功。预测的市场价是出厂基价的重要参考点。该问题的深入分析，一方面可以回答钢铁价格异常波动的可能原因，另一方面为后续企业定价策略的选择完成了经济背景分析。本书采用 VAR 模型、线性回归模型、ECM 模型、脉冲响应和方差分解等方法对钢铁产品市场价的形成机制进行定量分析。

第五章为钢铁产品出厂价格定价机制探索性研究。本章从渠道权力视角，采用解释学的方法，嵌入渠道权力对战略导向的定价决策各个环节进行探索性研究。通过深度访谈获取录音资料，将资料转化为文本资料并对其进行分析，具体包括渠道权力结构分析和权力对定价决策的影响分析两大步骤。首先，渠道权力的分析沿用资源—依赖—权力—权力结构的分析路线。其次，分析渠道权力的使用和权力结构对钢厂定价决策流程各个环节的影响。最后，汇总不同的发展阶段渠道权力的持有情况以及渠道权力结构演变过程。同时，从渠道权力的使用效果、权力结构对定价决策各环节的影响进行整理、汇总和挖掘。

第六章为拓展讨论及管理启示。本章在第五章文本释义的基础上，首先归纳近年来钢铁流通领域存在的两个明显变化特征：信息化与金融化的普及和深化；并分别分析两个特征对渠道权力和定价机制的影响。其次从渠道权力和渠道关系视角分析钢铁流通领域存在的问题；并提出政策改革和对渠道成员企业的管理建议。最后分析价格"倒挂"的原因、价格异常波动跟价格"倒挂"的关系以及中国钢铁定价机制存在的问题及政策改革和管理启示。

第七章为结论与进一步研究方向。提炼本书的结论以及研究的不足，明确进一步研究的可能方向。

二、本书的逻辑路线

本书遵循"发现问题确立选题—文献阅读—选择理论和研究方法—构筑分析框架—搜集数据进行分析—得出结论提出对策建议"的思路，构筑本书的逻辑路线（如图1-4所示）。

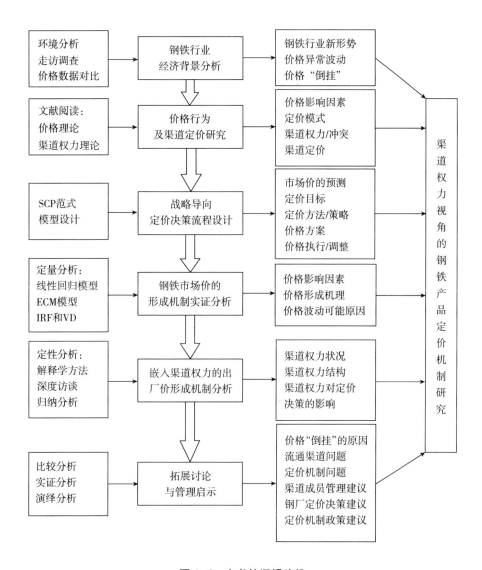

图1-4　本书的逻辑路线

第五节　本书的创新点与不足

一、本书可能的创新点

（1）链接经济学对钢铁产品市场价格和管理学对钢厂价格行为的研究。中国钢铁工业在取得突出成绩的同时，存在产能无序增长、价格高频异常波动、出厂价高于当地市场价的价格"倒挂"、渠道冲突频发等诸多问题，但学术界对中国钢铁产品价格的研究局限于市场价格影响因素以及企业定价方法和定价模式方面，缺少对钢铁产品定价决策和定价机制的系统分析。因此，本书基于钢铁行业所处的新形势，提出了战略导向的定价决策流程设计框架；将市场价和出厂价纳入同一框架下进行系统分析，在经济学研究市场价格影响因素和管理学研究钢铁企业价格行为两个相对隔离的研究领域之间架起一座桥梁，拓展了对钢铁产品定价机制的理论研究。

（2）开拓渠道权力在钢铁定价机制研究中的应用。由于本书试图分析的价格异常问题的核心是定价权，因此，将渠道权力嵌入钢厂战略导向的定价决策流程中，剖析钢铁产品的价格"倒挂"问题，研究钢铁产品的定价机制和价格异常现象引发的渠道冲突问题。以往对钢铁产品的定价研究主要是市场价形成机制及影响因素或者定价方法、定价策略等研究，本书通过嵌入渠道权力进行分析，增补了市场营销学对定价机制理论的研究视角。

（3）尝试以定性解释学方法研究钢铁定价机制。定性的解释学方法在市场营销学领域的应用目前集中于发现取向的消费者研究和品牌研究，而钢铁产品价格已有研究主要采用定量方法和案例分析。因此，本书选用解释学方法是定价机制和价格行为研究在研究方法上的一种尝试，也是该方法在市场营销学研究领域应用的一种拓展。

二、本书可能的不足

（1）受时间、资金、人力等因素的限制，深度访谈的样本量有限。例如，访谈的对象多集中在浙江、上海和山东等地区，因此，受访对象的选择存在一定的区域局限性。

（2）钢铁行业性质特殊，虽然已经进入市场经济体制，但影响钢厂定价决策的因素复杂多变；本书的分析仅从渠道权力视角去研究，难以覆盖问题的所有因果。

第二章 相关理论与已有研究

价格"倒挂"是价格问题,本质是定价机制问题。定价机制的核心是定价权(黄河等,2013)。定价权也是渠道权力的核心,权力失衡容易引发渠道冲突。因此,本书的研究问题涉及定价相关理论和渠道权力相关理论。本章内容有两个:①定价理论及相关综述,包括价格理论与定价机制、企业价格行为(从定价目标、定价策略和定价方法)、国内关于钢铁价格的已有研究成果、期货定价思想、套期保值与投机;②渠道权力理论及相关研究综述,包括渠道权力、渠道冲突与渠道协调、渠道定价、我国钢铁营销渠道的现状及价格问题。

第一节 价格理论与定价机制

一、价格理论的发展脉络

(一)价格的作用

价格是经济主体(企业/组织/个人)支付研究、制造、营销和其他活动成本的手段(Valuckaitė & Snieška,2007),是对资源进行配置的"看不见的手",是市场机制的核心。根据效用理论,在一个多约束条件的谈判问题中,可以使用效用函数来模拟价格,这样就可以用一维来转换和评估多个标准(Kwon et al.,2009)。因此,人们有时可以从物品的价格本身推断其质量等(杰克·赫舒拉发等,2009)。价格可以起到导向、促进、调节、分配、影响效益等作用,合理的商品价格可以促进市场和经济的健康发展(倪明和王武,2011)。

从市场营销学的视角来看,价格是唯一能直接产生收益的营销变量,价格改变而产生的影响比其他任何营销决策带来的结果都要迅速（Lilien et al.，1995）；因此，价格的稳定运行在市场经济中发挥着重要的作用。动态的市场环境使价格的确定变得越来越复杂，维持价格稳定的难度越来越大，例如：日渐激烈的竞争、不断成熟的互联网以及日益加剧的全球化，导致消费者对价值和价格的感知发生了巨大的变化。虽然调低价格有可能为企业带来销售和利润的增加，但也有可能效果并不理想；而价格的上调并不总是意味着销量和收益的降低，但多数情况下会导致市场占有率的降低。此外，较高的价格可能刺激创新的速度和效率；但如果供给大于需求，会给企业带来降价的压力，从而可导致生产企业做出减产的决策。在钢铁领域，价格是钢铁产品参与市场竞争的关键因素，为了保证销售渠道的畅通稳定，钢铁企业常常利用价格优惠来激励客户（钱丽丽，2009）；然而，面对疲软的市场需求，促销的效果并不明显。

（二）价格理论的发展脉络

价格理论是市场理论的关键，是揭示商品或服务价格的形成和变动规律的理论。从价格理论的发展脉络来看，主要有五种：劳动价值理论、均衡价格理论、价格刚性理论、博弈论和市场有效性理论。在早期的经济学研究中，马克思的劳动价值论和新古典经济学的均衡价格理论占据主导地位（汪建坤，2001）。其中，劳动价值理论的核心概念是价值；价值是由生产商品所需要的平均社会劳动时间决定。价值和价格的关系是：价值决定价格，价格围绕价值上下波动。新古典主义价格理论认为稀缺性才是影响价格的关键因素，其最具有影响力的分支是马歇尔的供求曲线与亨利·舒尔茨等的弹性价格理论。新古典价格理论的核心观点是：供求关系决定价格；所以，价格是生产者边际成本（MC）曲线和消费者边际效用（MR）曲线的交点确定的均衡结果。然而，需求效用在某种程度上也是其价格本身的函数，因为消费者的效用不仅来自产品提供的客观性功能，而且还体现为社会心理层面的感受；心理感受必然会受到社会偏好和知识结构等因素的影响；因此，消费者边际效应曲线很难准确描绘。同时，市场存在不确定性，供给成本也是价格的函数。所以，经济现实情况很难满足新古典主义价格理论严格的假设前提，我们也无法获得准确的供给曲线和需求曲线，也就无法基于"马歇尔交叉"来寻找均衡价格（朱富强，2018）。

此外，现实市场有各种不同的市场结构类型，市场并不总是有效的。因此，20世纪30年代，爱德华·H.张伯伦（Edward H. Chamberlin）的《垄断竞争理论》和琼·罗宾逊（Joan Robinson）的《不完全竞争经济学》两部代表作品的出现，使价格理论研究从完全竞争市场转向不完全竞争市场。不完全竞争市场与完全竞争市场不同，生产企业（供给方）不是完全被动地接受市场价格而是对价格有影响力，甚至决定价格。博弈论为非完全竞争市场状态下的价格确定提供了有力工具。由此，价格理论向博弈论（垄断厂商对价格的操纵以及垄断定价理论）和市场有效理论发展（汪建坤，2001）。

20 世纪 80 年代中叶，价格理论百家争鸣，新凯恩斯主义经济（New-Keynesian Economics）学派吸收了理性预期学派的理性预期假设，提出了黏性/刚性工资与价格理论。而后凯恩斯经济学的学者又在以前各类价格理论学说的基础上构建了后凯恩斯价格理论体系。其中，最具有代表性的是 Andrews（1951）的正常或者标准成本价格（Normal Cost Prices）学说、卡莱斯基的加成价格学说和加德纳·米恩斯的管理定价（Administered Prices）学说（Lee，1994，1998）。正常或标准成本价格学说假设生产企业的产能均过剩，厂商能够通过改变产能利用率来改变供给，而价格是通过标准/正常的生产水平下的平均成本加一个合适的利润得到的。相对于马克思价值理论和新古典均衡理论，通过对成本加成调整价格是一个实用的"经验法则"，利润最大化不是直接边际成本等于边际收益得到，而是通过"不断尝试"找到的最优解。加成价格学说认为价格是由厂商的主要成本与成本加成百分比相加得到（Shapiro，1977），因此，加成价格学说与正常或标准成本价格学说类似，是厂商基于成本确定的价格，而不是对需求波动的反应（Lavoie，2001）。米恩斯在研究公司理论和经营自己企业的管理实践过程中，提出用管理定价理论来解释在价格相对稳定时期针对需求变化下的价格理论（Simon & Rice，1983；Lee，1994）。管理定价学说认为：由公营或私营的大小企业在自由市场上依照自身的意志在它们所确定的一段时间内制定价格，此价格一经确定，在"短期"内不随供给与需求的变化波动。在有管理的定价机制下，市场出清方式有两种：一是通过产品库存的变动和（或）通过消费者的购买使市场被不断地出清；二是通过产量的变动而出清。

通过上面的分析可以看出，价格理论是呈螺旋状渐进式发展并不断完善的。劳动价值论是当代价格科学的理论基础，在商品经济中具有普遍适用性。劳动价值理论和均衡价格理论都具有理论上的合理性。从价格形成理论视角来看，均衡价格理论与马克思的价值理论不仅不对立，而且还存在着继承与发展的关系，特别是由于其引入了边际分析方法，使价格理论更为严谨。但面对现实经济中的不完全竞争市场结构时，利用博弈论来解决不完全竞争条件下的价格问题更合适。

对比马克思价值理论（价格=成本价值+流通费用+利润）可以看出，后凯恩斯主义中的正常或标准成本价格学说与加成价格学说跟马克思价值理论也是一脉相承的。而管理定价学说同样也是在成本的基础上分析，但研究视角已经更加倾向于微观企业，突出了生产厂商在价格制定方面的主动地位；相比于前面的理论经济学，管理定价理论属于应用价格理论。

综述价格理论的发展脉络，有以下五个主要发现：①成本是价格的基本构成要素，所有的价格理论都离不开成本，只是成本在确定价格时扮演的角色不同；②价格的波动终究要考虑供给和需求的作用；③供给和需求对价格的作用受到市场结构的影响；④理论价格经济学研究的不断完善推动了市场营销学价格理论的发展，价格理论开始向企业视角的应用价格理论转变；⑤定价原则是基于特定权利主体的利益最大化，因此，市场定价规则的核心是定价权问题，利益相关者的权力因素是嵌入在产品定价决策中的，而以往的价格理论研究往往忽视这个问题。

二、价格形成机制、定价机制与价格传导机制

（一）价格形成机制

价格理论体系主要包括三部分：①价格的本质；②价格机制；③政策建议。其中，关于价格的本质问题已经在经济学领域开展了诸多成熟的研究。而政策建议一般是在对价格机制问题研究基础上对症下药提出。价格机制是市场经济体制下从供求出发分析价格形成与运行情况的平衡机制，对其他机制起着推动作用，是市场机制中最敏感、最有效的调节机制，在市场机制中居于核心地位（王振霞，2008）。

价格机制从理论上可分为三个层次：①价格形成机制：是指各相关主体在形成价格过程中的参与权配置结构，以及由此决定的价格形成方式、价格形式和价格体系；②价格运行机制：是指各相关经济要素与价格变动之间的关系以及价格如何发挥市场和经济运行中的调节作用；③价格约束和调节机制：是指约束价格规范形成和良好运行的法律、法规等以及保证价格体制有序运转的间接调控组织原则、方式和方法等（李东方，1994）。价格形成是商品生产和商品交换过程中价格的确定，因此，价格形成机制就是指价格决定机制。

价格形成、价格运行以及价格约束和调节是相辅相成的（温桂芳，1999）；价格形成机制、价格运行机制以及价格约束和调节机制构成密切关联、相互渗透的价格机制的有机系统。从价格自身运动的客观过程来看，价格的形成以及运行是密不可分的两个过程，因此价格是如何形成的以及在形成及运动过程中受到哪些因素的影响或制约的研究也难以完全隔离；因此，在国内的相关研究中，将价格的形成和运行机制放在一起分析，可以理解为对价格形成机制的广义界定（刘树杰，2013）。广义价格形成机制的核心和主要内容是定价机制；而狭义上价格形成机制就是定价机制。

（二）定价机制

定价机制主要是指在商品价格形成过程中，具有直接定价权、间接定价权或价格干预权的政府、经济组织、企业、居民及司法机构的相互关系，其主要内容和核心是价格由谁决定。它涉及的基本问题有三个：①定价权，即定价主体的界定；②怎样定价，即价格的形成过程；③如何进行管理，即价格管理。

根据经济主体在价格决策中参与配置权结构，定价机制可分为政府定价机制、市场定价机制和政府—市场定价机制三种主要类型（［美］罗伯特·S. 平狄克和丹尼尔·L. 鲁宾费尔德，2012）。政府定价机制是计划经济体制的典型特征，价格由政府统一指定。市场定价机制是基于供求价格理论，采用边际效用法和生产成本法确定均衡价格的定价机制。政府—市场定价机制是一种具有明显过渡性的产品定价机制。我国在特定时期对石油、天然气、煤炭及钢铁等大宗商品均采用过政府—市场定价机制，这种定价机制是连接政府定价机制与市场定价机制的纽带和桥梁，为当时的社会经济发展服务，适合当时我国渐进式价格改革的现实状况。

定价机制是市场经济和计划经济最大的区别之一。计划经济最大的问题是不能反映资源状况、供求状况和收入分配状况。在市场经济体制下，供需是变化的，市场是动态的，价格也不可能一成不变。结合价格理论和定价机制我们可以对价格的形成和变动做以下分析：从长期来看，（生产企业）供给的目的终究是回本和利润，而需求终究需要支付能力支撑，因此，长期的均衡价格的主导因素是成本。从短期来看，由于一般的生产企业（如钢厂）都具有一定的固定资产投资，使产品产量的增加或减少均受制于固定资产的调整限制，导致在一定时期内供给是相对固定的，所以，短期均衡价格的主导因素是需求。长期与短期相比：短期价格均衡价格既是实际交易的价格，也是短期内市场价格运动的中心或趋势，属于最表象的价格。而长期均衡价格是在资本可以自由出入产业的情况下，成本和效用在互动关系中形成的，不仅是市场价格运动的中心或趋势，也是短期均衡价格运动的中心或趋势，是最深层次的价格。

目前中国的钢铁市场属于市场定价机制，价格均衡是趋势，价格波动是常态。在价格运行过程中，价格升降通过价格传导机制最终完成（李素芳，2010）。本书研究价格的异常波动以及出厂价与市场价的价格"倒挂"，因此，接下来对价格传导机制进行阐述。

（三）价格传导机制

在价格运行或演变过程中，产品的价格与其他相关经济要素的价格是相互关联又相互制约的，其中价格传导机制是价格变动关系问题一个研究视角。价格传导是一个复杂的从纵向和横向上整合市场的价格效应，通过设定价格来确定产品或部门（市场）间的关系，确定相互影响的作用机理以及最后不同市场主体间价格的相互影响（French & Arabic，2000）。联合国粮农组织（FAO）认为，价格传导是由动态协整（Co-movement and Completeness）、动态修正速度（Dynamics and Speed of Adjustment）、非对称反应（Asymmetric Response）等部分组成的，市场结构的优化升级是价格传导的表现，是市场交易本身所固有的市场关系的动态体现。价格传导机制是指在市场经济中，某种服务或商品的价格波动与其他服务或商品价格的波动之间存在着相伴相生的某种内在规律；即研究分析影响价格波动的因素是如何实现对价格的传导联动效应，是对市场价格的动态变化的研究。黄文彪等（2012）从农业产业链的视角，运用 ECM 模型实证分析了农资价格指数、粮食价格指数和农村居民消费价格指数之间的传导机制。阅读文献发现有关价格传导机制的研究方向主要有两个：一是价格传导影响因素的研究；二是从出厂价到市场零售价的传导过程的研究。

价格传导受到很多因素的影响，包括生产成本、需求弹性、市场结构、产品库存、可替代性、市场预期等（冯一桢，2010），其中，市场结构是突出因素。Meyer 等（2004）在研究影响价格传导效率的因素时，明确指出市场结构不同会对价格非对称性传导效率造成显著影响。许世卫等（2011）通过分析各种不同的影响因素对农产品的价格波动的协同影响，梳理农产品价格传导机制，同时分析了农产品价格间传导的传递关系、路径、效率和强度。付连连和邓群钊（2014）运用多元逐步回归方法识别出我国农产品价格波动的显著影响因素，然后用通径分析方法研究了国际农产品价格、通货膨胀等因素对我国农产品价格的直接影响和间接影响。

产品价格从出厂价到市场价的价格传导机制，体现的商品使用价值从卖方到买方的转移，也就是企业价格行为体现的价值转移；国外有关研究较多，国内有关研究极少。国外诸多学者基于不同的市场结构情景研究农产品从出厂价到零售价的价格传导机制：Gardner（1975）研究在完全竞争市场情境下，农产品的农场价格如何传导到零售商的市场价格。Wohlgenant（1989）、Holloway（1991）、Bunte 和 Peerlings（2003）放宽市场结构假设，分别建立了易于实证检验的农场出厂价—零售价传导简化式模型，并实证分析了不完全竞争和垄断市场的情形下农场出厂价与零售价比值的变化。Persaud（1999）用古诺竞争模型检验了消费需求、农场供给、垄断程度、生产效率等因素对于农场出厂价到零售价传导过程的影响。Weldegebriel（2004）认为，价格从农场到零售市场这个传导过程是复杂的，垄断并不一定阻碍价格的传导，传导的结果取决于需求函数和供给函数具体形式的选取。除了对农产品进行研究外，Borestein 和 Cameron（1997）检验了从原油到汽油价格传导中上涨的传导速度快于下降的传导速度的不对称现象，并指出这种现象的原因是存货调整和市场权力的垄断。Chen 等（2004）加入了期货价格的因素，用临界点协整模型（Threshold Cointegration）检验了价格传导不对称现象。Bettendorf 和 Verboven（2000）从成本视角，规范分析并实证检验了荷兰咖啡行业的价格传导机制，结果显示：原料在产品成本构成中的比例对于价格传导有很大的影响（McCorriston et al.，2001）。

综合已有研究发现：对价格传导机制的研究，无论是国内还是国外大多数都是对农产品的研究，而对于钢铁产品从出厂价到市场价的传导研究少之又少。

第二节 钢铁价格的已有研究

钢铁产品价格稳定与否是钢铁行业运行是否健康的重要判断标准。已有的钢铁价格研究主要从两个方面展开：一是从宏观经济视角或钢铁行业层面出发，对价格形成和运行的显著性影响进行识别并对价格进行预测；二是从微观层面对钢铁企业的价格行为进行分析，包括钢铁企业定价方法、定价策略等问题的研究。

一、钢铁价格影响因素及价格预测

钢铁产品是大宗商品的典型代表，价格在供需、实体经济、金融市场以及投机等多种影响因素的交织作用下，呈现剧烈的波动态势，具有复杂性、非线性和动态性特征（韩立岩和尹力博，2012）；基于此，产业经济学、国际经济学等相关学科对钢铁价格波动的影响因素进行了大量的研究：

（一）钢铁价格影响因素

随着金融市场的发展和经济形势的不断变化，钢铁产品价格形成和变动的影响因素越来越繁多：有内部因素也有外部因素，有经济因素也有非经济因素，有国内因素也有国际因素，有定量因素也有定性因素，有宏观因素也有微观因素，有周期因素也有随机因素，有市场因素也有非市场因素等（谢向前，2007）。总体来看，钢铁产品价格是市场各方博弈的结果，影响钢铁价格波动的主要因素有三类：①原材料成本，这是影响钢铁产品价格的基本因素；②供需关系，这是影响钢铁产品价格波动的关键因素；③市场环境，譬如外部宏观经济、货币政策、汇率政策、出口因素、原材料供需、市场库存、国际市场、期货和电子交易平台等因素。

在完全市场条件下，供需因素是关键。在非完全市场条件下，商品的价格不仅仅由商品供求关系决定；更多的时候，受到复杂的外部环境的影响，例如，政治因素、经济因素、自然环境因素等；市场集中度、产业链定价权、世界贸易格局、地缘政治因素、全球利率政策、市场投机力量等，这些因素的影响有时甚至会越过供求因素的影响（周勇等，2017）。中国的钢铁市场处于非完全市场环境中，钢铁产品市场供求关系不能靠市场这只"看不见的手"对价格进行有效的调节，反而加大价格的波动频率和幅度，结果呈现为本书分析的第一个价格异常现象。

已有研究发现成本因素仍是影响钢铁价格后期变化趋势的主要因素，产能过剩将持续成为制约钢铁产品价格平稳向前的最大因素（韦建斌，2013）。也有学者设定不同的背景进行分析影响因素，得出了不同的结论：贾帅帅和孙辉（2017）在去产能背景下，分析了我国钢铁市场的供求情况、产能利用率与钢铁价格走势的关系，结论是市场需求是主导钢铁行业发展的首要因素、产品价格与产能利用状况紧密关联。喻思景（2017）则从宏观背景出发，通过分析钢铁行业在产业链中所处的位置，定性分析得出结论：制造业是否景气直接影响钢铁市场的需求，并最终由钢材价格所体现，因此制造业采购经理指数 PMI 与我国的钢材价格走势趋同。除设定分析背景外，孙志慧（2011）运用管理学理论、经济学理论和非线性动力学理论，分析了中国钢铁市场中的冷轧钢板市场以及管线钢市场价格竞争的复杂性。提到影响钢铁价格的因素可以归纳为以下三个：国际经济大环境、国家宏观经济形势（经济水平、供需状况、国家宏观调控政策）、国内钢铁产业环境（生产成本及技术水平、有关钢材产品的市场信息、钢铁企业间的竞争压力）等。张兰英和杨巍（2017）首先对比相关变量指标的变化趋势，通过散点图与趋势线分析得出钢铁价格变化影响因素的结论有五个：①钢铁价格与国家政策关系密切；②钢铁价格与其资源供给量、产量、进出口量、下游行业产量息息相关；③钢铁价格与投资和工业增加值有正相关性；④钢铁价格与铁矿石价格走势基本相同；⑤期货价格对钢铁价格影响明显。

下面从因变量、自变量两个方面对相关研究进行汇总梳理：

1. 因变量

对钢铁价格影响因素的研究中，绝大多数学者用中国经济信息网和中国钢铁工业协会的钢材综合价格指数 CSPI 作为因变量进行研究（崔瑞昕，2010；贾帅帅和孙辉，2017；许亚萍和王甜，2013；周晨玥，2016）；有的学者选取我的钢铁网的 Myspic 综合价格指数（李丽华和王欣，2014；林在进，2009）；而谢向前（2007）是自己设计了钢铁价格指数测算系统。

2. 自变量

（1）在成本方面。钢铁企业属于生产成本占比较高的产业，主要的投入有铁矿石、焦煤、焦炭、废钢等材料；由于我国铁矿石产量和品质均不能满足国内钢铁生产的需要，铁矿石对外依存度较高。因此，钢铁产品价格影响因素中表征成本的主要指标有铁矿石综合价格指数、同期上海冶金焦炭价格（林在进，2009）、国产铁矿石产量、进口铁矿石产量、国际铁矿石的协议价变化率（陈希等，2010）、煤炭与炼焦工业的生产者出厂价格指数（贾帅帅和孙辉，2017）等。

（2）在供需方面。市场经济理论告诉我们，供给和需求的关系决定市场价格的高低。同样，诸多学者的研究表明供需关系会影响甚至决定钢铁产品的价格。表征供给的主要指标有产能（邓磊，2014）、成品钢材产量（许亚萍和王甜，2013）、粗钢产量、钢材库存量（周晨玥，2016）、产能利用率（贾帅帅和孙辉，2017）等指标；表征需求的主要指标有表观消费量（林在进，2009）、成品钢材的销量（许亚萍和王甜，2013）、净出口、下游建筑、轮船、铁矿石等（邓磊，2014）、规模以上工业增加值、固定资产投资额（周晨玥，2016）、产销率（陈海鹏等，2017；崔瑞昕，2010）等。

（3）在宏观环境方面。钢铁行业在整个产业链中起到承上启下的作用，因此，其所处的政治、经济、金融环境因素也会对钢铁产品的价格产生影响。例如，行业集中度（邓磊，2014）、国内生产总值 GDP（崔瑞昕，2010）、国际钢市价格指数 CRU、制造业采购经理指数 PMI、货币或准货币 M2、银行间同业拆解利率、人民币兑美元汇率（周晨玥，2016）等指标。

（二）钢铁价格预测

除了对钢铁价格形成和运行的影响因素进行研究之外，还有许多学者通过构建模型预测钢铁产品的价格。价格预测方法有多种，例如，进口钢材成本系数法、通货膨胀法以及购买力评价法等（杨乾，1996）。构建价格预测模型的目的主要有两个：一是对价格进行预测；二是识别影响价格的关键因素。研究目的决定研究侧重点，价格预测模型的目的不同，对价格预测模型研究的侧重点也有区别：前者侧重于价格预测的准确性；后者侧重于关键因素识别。

1. 侧重价格预测准确性

通过对价格影响因素的分析，建立价格预测模型的方法有：BP 神经网络模型（陈希等，2010；贺清哲，2015）、ARMA 模型（陈蓉，2015）和基于内存计算的 LM-BP 神经网络预测模型（朱靖翔，2014）；另外，谢向前（2007）还在 ARMA 的基础上，采用自回归单整移动平均 ARIMA（Auto Regressive Integrated Moving Average）模型建立了三种产品的价格预测模型。由于环境不同，预测模型的适应性及预测精度存在差异，林在进（2009）对比了 BP 神经网络模型和 ARMA 模型，结果显示：在价格平稳时期，两种模型预测的准确度都高；但在价格剧烈波动时，BP 神经网络模型的预测精度更高。

2. 侧重识别关键因素

研究价格影响因素的主要目的便是识别显著性因素，于是有诸多学者通过建立价格预测模型来识别影响价格的关键因素。方法主要有 UC 不可观测成分模型（Unobserved Component Model，UC）（邓磊，2014）、VAR 模型（崔瑞昕，2010；许亚萍和王甜，2013）、协整检验和误差修正模型（李丽华和王欣，2014）以及多元线性回归（窦凯等，2012；贾帅帅和孙辉，2017；李玉俊，2016）；其中，后面三种模型方法使用频率较高。

（三）研究结果汇总

不同的学者，基于不同的情境，采用不同的模型或（和）方法，对钢铁价格影响因素的分析也得到不同的显著性影响因素的分析结果，主要可分为长期因素（趋势性成分）和短期因素（周期性成分）。邓磊（2014）通过钢铁价格影响因素的实证分析发现：从作用持久性来讲，趋势成分对价格的变化起到主导作用的，是价格波动的影响主力；其对价格波动的贡献度高于短期的周期性成分的。

1. 趋势性成分

从长期来看，使用的指标不同，分析结果也略有差异：有的学者认为成本是价格波动的关键因素，例如，原材料铁矿石的价格、钢材运价等（陈蓉，2015）。有的学者得出自身供求关系和宏观经济的波动是钢铁价格波动的主要影响因素的结论；且认为宏观经济因素对钢铁价格波动呈现递增式的影响，其解释贡献度可达到 1/3。钢铁的需求量冲击对钢铁价格变动的影响也呈现递增式变化，解释贡献度达到近 20%。而钢铁供给量的冲击对钢铁价格波动影响一直相对稳定（许亚萍和王甜，2013）。或者直接用产销率变动解释了钢铁价格的部分变动（崔瑞昕，2010）。还有分析结论显示，PMI 是影响国内钢铁价格最显著的影响因素（李丽华和王欣，2014）；另外，CRU、规模以上工业增加值和固定资产投资额对钢材综合价格指数具有显著影响（周晨玥，2016）。

2. 周期性成分

从短期来看，国际钢材价格 CRU、固定资产投资的增加指数 IVA 的上涨都会显著性影响钢材的价格指数（周晨玥，2016）；PMI 和固定资产投资的增加会拉动需求进而推动钢铁价格的上涨，而人民币对美元汇率的变动也会反向影响钢铁价格的波动（李丽华和王欣，2014）；同时，考虑到绿色可持续发展，污染治理费用会提高，进而传导到钢铁产品价格的上涨。因此，企业在制定具体定价策略时，必须将企业的治污成本考虑在内（窦凯等，2012）。

二、企业价格行为决策

应用价格理论的发展与企业管理、市场营销学的发展相辅相成。在市场经济体制下，合理的价格水平是商品流通领域的通行证。因此，价格是促成或破坏交易的决定性营销变量（钱丽丽，2009），也是市场营销组合中的最不容易决断的因素。一个企业的定价能力，即一个企业能够使它征收的价格同消费者愿意支付的价格相匹配的能力是该企业成功的关键（Cao et al.，2003）。钢铁企业的定价决策既是一个具有战略意义的系统性工程，也是钢铁企业的产品策略、渠道策略、促销策略的集中体现，涉及定价目标的确定、定价方法和定价策略的选择、价格方案的制定、价格执行和调整等问题；且这些问题都是相互联系的，因此需要系统综合考虑。

在企业价格行为决策系统中，定价理论是基础，定价方法和定价策略是手段和工具，定价理论指导着定价方法和定价策略，而定价方法和定价策略是为定价理论服务的。对定价策略的研究始于企业管理和市场营销的客观需求。价格方案是定价决策的成果，通过价格的实施不断进行调整。综上所述可得：价格是企业最有效的利润驱动力，定价主要研究商品和服务的价格制定和变更的策略。其中，定价目标的确定和定价策略的选择是企业定价行为最基本的两个方面（Andreasen & Kotler，2008）。

（一）定价目标

定价行为具体决策制定之前需要确定企业的定价目标。所谓定价目标，是指企业通过制定产品价格期望达到的目标（赵改书和唐现杰，1992）。企业的定价目标是企业定价行为所要实现的目标，是实现企业终极目标的指南和手段。企业的定价目标不是单一的，而是一个多元的结合体。企业定价的总体目标或根本目标是追求利润。金安（2000）认为，应该在对企业进行内外部环境及自身优劣势分析的基础上，结合企业的战略定位，确定企业的定价目标，具体包括生存导向、利润导向、销售导向、竞争导向以及品牌形象导向五种类型。张李义和范如国（2001）认为，从市场营销的视角来看，企业定价目标主要包括增加销售、提高企业竞争力、改善企业经营业绩、实现期望的报酬率以及提升企业形象等。Andreasen 和 Kotler（2008）将企业定价目标分为利润最大化、成本回收、市场规模最大化、社会公平和市场缩小五类。对比前人已有研究发现，企业的定价目标是企业目标的基础和手段。因此，无非是生存和获利以及相应的手段或方法。不同定价目标之间既不是并列关系又不是相互孤立的，而是一个相互关联的有机目标体系。本书在综合前人研究的基础上，绘制出一般企业的定价目标体系（见图2-1）；可以看出，企业的基本目标是生存目标，终极目标是利润最大化目标；而中间的市场占有率目标和产品质量/品牌形象/顾客满意目标跟竞争目标有机配合，构成了从基本生存目标到利润最大化终极目标的工具和路径。

钢铁企业的定价目标是随着经济环境的变化而动态调整的，基本目标是生存和健康发展，具体包括四个：①保持并扩大市场占有率；②借助价格手段能够有效地控制营销渠道的流通效率、流通利润，避免经销商的"恶意炒作"；③保持对竞争对手的相对优势，促进产品差异化销售，完善市场细分；④着眼企业的长远发展，努力实现企业收入与利润的长期优化。目前，大多数企业价格决策的目标是提高市场占有率和改善企业利润。从企业发展生命周期的视角来看，稳定并扩大客户资源才是企业价格行为所要实现的最直接目标。

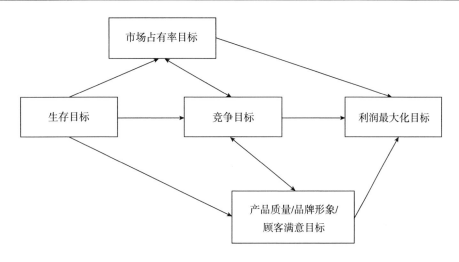

图 2-1 企业定价目标系统

资料来源：金安．定价策略：部分是科学，部分是艺术［J］．经济师，2000（12）：31.

（二）定价方法

　　依据定价目标选择合适的定价方法是关系定价目标能否实现的关键问题。定价方法，是指企业在对价格影响因素分析的基础上，综合运用各种价格决策理论，进行价格确定的具体方式和办法。20 世纪五六十年代，市场营销学和管理经济学逐渐成熟，各类定价方法也逐渐完善，主要分为成本导向、竞争导向和顾客导向三种类型（见图 2-2）。成本导向的定价方法，是以生产成本为出发点，确定价格时是以弥补成本获取利润为目标，主要包括成本加成定价法、盈亏平衡定价法和目标利润定价法。竞争导向定价法，是以竞争者产品的特性与价格为定价的中心依据，以竞争状况的变化来确定和调整价格；其定价目标服从竞争的需要，以应对竞争为导向；在这种定价方法下，产品的价格与产品成本或市场需求不发生直接关系。具体来讲，企业是通过研究竞争对手的生产条件、服务状况、价格水平等因素，依据自身的竞争实力，参考成本和供求状况来制定有利于在竞争中获胜的价格。企业通常根据此方法以低于竞争对手的价格提供与其相同或相似的产品，从而获得较大的市场份额。顾客导向定价法，以产品或服务能给顾客带来的价值作为定价的依据；主要包括理解价值定价法、需求差别定价法和逆向定价法。顾客导向定价法的程序与成本导向定价法的程序相反：顾客—价值—价格—成本—产品；此时成本扮演的角色是定价的间接保证。

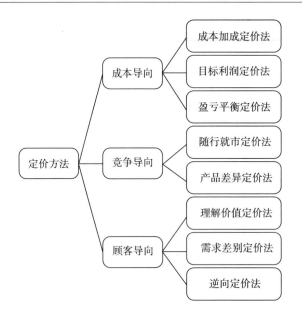

图 2-2 企业定价方法体系

资料来源：逯春明，杨梅英．论市场营销中的价格策略、分销策略和促销策略——科泰新在非洲市场营销策略的实证分析［J］．管理世界，2001（6）．

以上是传统的产品定价方法，随着营销学理论研究的深入和实践的发展，定价方法也在不断地演变和融合，主要分为以下四种：

（1）营销组合定价。营销组合理论告诉我们，任何的营销要素都不是孤立的，而是相辅相成的；因此产生了营销组合定价的思维导向：价格本身就是一种有效的分销手段；而产品是决定价格的最重要因素，其性能、质量、功效是价格制定的基础。

（2）产品生命周期定价。从产品生命周期视角出发，结合产品所处生命周期的不同阶段的具体情形，采用相应合适的定价方法，这是延续了竞争导向思维的一种产品生命周期导向的定价方法。

（3）市场细分定价。战略营销的核心 STP 理论告诉我们，企业的潜在目标市场根据不同购买类型、地点、时间、数量及档次等差异可以划分为具有明显的"异质性"的细分市场，针对不同的细分市场的"个性"特征应该选用不同的定价方法；此方法中市场细分是企业营销定价策略成功与否的关键。

（4）战略定价。从企业营销战略视角出发，将定价决策上升为战略层次，结合相关的营销决策、竞争状况、财务决策来制定价格；该导向方法不仅要求定价观念上的改变，还要求定价时间、定价策略和定价决策者等方面的改变。

　　除此之外，根据特定情形有一些特殊的定价方法，例如，当新产品投放市场时，常用的是撇脂定价法和渗透定价法。撇脂定价法（Market-skimming Pricing）是将新产品以较高的价格销售，以期望在竞争者进入市场之前，尽快地收回成本并获取一定的利润。撇脂定价法并不是在任何情境下都可行，需要在特定情境下才能有效（Ingenbleek et al.，2003）；这些具体的前提情景包括较高的价格对应着较高的产品和服务的品质、针对较高的价格有足够大的市场潜力、不存在成本递减效应（Dockner & Fruchter，2004）。渗透定价法（Penetration Pricing）是一种与撇脂定价法相反的定价策略方法，是以一个较低的价格快速渗透进入市场并占据较大市场份额（Dockner & Gaunersdorfer，1996）。此外，随着全球环境的变化，绿色可持续发展的理念也影响到钢铁行业，于是有些学者开始探索绿色理念的传播，环境价值定价法、市场细分定价法等均是环境经营战略下钢铁产品的定价方法（窦凯等，2012）。

　　企业定价方法多样且各有利弊，对比而言：成本导向定价法是"生产者主权"，忽视市场需求、消费者的接受程度、竞争者等重要因素（毕世宏，2000），与存在竞争环境下需要将买方/消费者考虑在内的二元甚至超二元的定价策略导向完全相悖。竞争导向定价法，是基于市场理论的博弈视角的以竞争者的价格为导向的定价方法。在竞争环境下，企业必须综合权衡企业自身的优劣势以及竞争对手的价格行为等方面信息，策略性判断竞争对手及潜在客户可能的策略反应（Schwaiger & Stahmer，2003）。顾客导向定价法，是以市场需求为导向的定价方法，符合现代市场营销观念要求及买方中越来越多的策略性消费者的现状。该方法体现市场营销的根本任务是要激发潜在顾客以合适的价格来购买商品，而"合适的价格"并不一定是当前的销售价格，是由消费者对产品价值的认知程度影响的体现商品真实价值的价格。

　　关于定价方法的选择，企业需先分析企业所处的竞争环境以及企业自身的优劣势，结合企业的定价目标，选择适合企业特定时期特定情形下的定价方法。王钮（2003）认为，初级产品的价格由市场供求决定，而工业品的价格由成本加成决定，并同时指出企业在市场上的垄断势力不同，价格加成的部分就不同。杨锡鉴和王秀新（2002）认为，垄断竞争的市场结构也可采用成本导向定价方法。钢铁产品多属于标准化产品，市场需求弹性不大；具有典型的规模经济生产特征和较高的产业关联度。目前中国钢铁市场上流通的主要是高同质化的主流钢材，基本属于完全竞争市场，因此，钢铁企业在定价决策时，不能闭门造车，只关注成本，需要实时追踪竞争对手情况和市场价格水平。但信息化时代存在海量数据，价格信息的来源不同、计算方式差异大，这也增加了市场价格的追踪难度。据调研目前中国钢铁企业大多数采用的依然是传统的成本加成定价方法。

（三）定价策略

定价策略与定价方法都是制定合理价格的工具和手段，两者相辅相成。对比定价方法是对定价方式和办法的选择，定价策略则是在定价目标基础上，结合所处市场的具体情况，利用一定的定价技巧和策略，提高价格的合理性，促进交易的实现。定价策略既是实现定价目标的竞争手段，也是企业营销组合策略的关键部分。定价策略与产品、渠道、促销等企业营销策略相比，其信息度最强，而且产品、渠道、促销等策略的执行及效果主要通过定价策略来反映，可以说，定价策略是价格随时间、B2B（Business-to-Business）市场或工业产品的价格变化而变化的营销组合工具（Langeard，2000）。同时，价格在一定程度上也是企业市场竞争力的反映。因此，价格的制定涉及的影响因素最多，从技术上来讲最困难；由此决定了定价策略是市场营销组合中最富有灵活性和艺术性的组成部分。

企业定价的目标是促进销售，获取利润，这要求企业既要考虑成本的补偿，又要考虑消费者对价格的接受能力，从而使定价策略具有买卖双方双向决策的特征。因此，许多研究从供应链视角，剖析传统二元制定价策略的弊端，分析了超二元定价策略的优势和注意事项。另外，信息化时代，电商渠道成为钢铁商品定价的基本环境；电商模式下定价策略研究主要体现为特定商品定价策略、动态定价策略、双渠道定价策略和考虑逆向物流定价策略研究（倪明和王武，2011）。其中，动态定价策略在企业实践中越来越普及，对动态定价策略的研究也越来越多。除此之外，有些中小企业希望瞄准的 B2B 市场，采用渗透定价、价格略读、平定价和高定价（Toptal & Çetinkaya，2015）等方式，来制定标准化定价策略（Obadia，2013）。接下来重点介绍研究和使用较多的三种定价策略：超二元定价策略、动态定价策略及差别化定价策略。

1. 超二元定价策略

在传统的定价策略下，渠道成员关系属于交易型，卖方根据其内部的成本结构和利润目标来确定价格范围，而最终买方支付的价格是在双方谈判过程中确定的（Garda，1984）。此处有一个重要的前提假设是定价过程是一个零和博弈：卖家所得即为买家所失抑或反之（Mcdowell ct al.，2007）。因此，传统的定价策略是采用一种战术、短期的视角，买卖双方将注意力局限在一次交易上且把定价视为影响利润的参数而不是协作过程（Voeth & Herbst，2006）。鉴于传统二元定价方法的狭隘性、近视性，一种基于供应链管理视角的研究 B2B 定价的超二元的定价方法出现（Voeth & Herbst，2006），该方法努力使买卖双方跨越盈利—损失、零和博弈的传统定价的局限性，朝着双赢和互惠的"协同"方向发展，超二元定价策略情形下，渠道成员关系属于关系型。例如，一些学者强调发展"外向型"的定价行为（Indounas & Avlonitis，2011），意即定价应该是基于供应链视角，通过采用合同、成本信息共享和联合决策等方式定价，使供应链成员之间实现协作共赢的结果。

基于供应链的超二元定价方法根据扩张的方向不同，分为以下三种：①向下的延伸（Downwards）：供方为主体，将客户包含在其定价过程中；②向上的延伸（Upwards）：买方为主体，将供应商包括在定价过程中；③双向的延伸（Bi-directional）：共同所有权的过程（Formentini & Romano，2016）。本书是站在钢铁企业视角分析研究钢铁企业与钢贸商"二元"结构情境下定价问题，因此，接下来重点介绍向下的延伸。

向下的延伸（Downwards）：将有机会创造供应链互惠互利的合作关系。在这种情况下，供应商在定价过程中与客户交互是以基于价值的定价（Value-Based Pricing，VBP）为代表：由供应商围绕商品或者服务可以传递给客户的价值来定价而不是原来的成本加成（Farres，2012；Hinterhuber，2004；2008a）。Liozu 和 Hinterhuber（2012）强调：尽管通过对经理进行半结构化访谈的定性调查的 VBP 方法被优越的营销学者和从业人员高度认可，但却只有少数工业企业能有效运用它。VBP 方法被有效实施的关键是顾客的感知价值是清晰明确的，公司采用VBP 方法制定产品定价决策依赖于正式的市场调研、科学的定价方法（如联合分析，客户验收测试）和专家的建议。在此，定价是作为整体的"价值定位"的一个组成部分，协作被视为一个价值共创过程。针对基于供应商访谈基础上的定性研究，Ryals（2006）讨论了五个关键技术（即传统的最优固定价格、捆绑解决方案定价、确定性降价、共享节约成本和共享利润），描述了在不同情形下的协作机会，并分析了在 VBP 实施中的几种研究陷阱。同时，Töytäri 等（2015）重点关注了买卖关系中 VBP 实施过程中的组织和制度障碍。以上几位学者的分析为 B2B 企业定价时如何利用顾客感知价值作为参考提供了一个批判性的视角。

与 VBP 高度关联的一个概念是关系营销领域中发展起来的关系价格（Relationship Pricing，RP）。一些学者展示了在定价过程中传递价值给买方并整合顾客的重要性（Berry，2002；Grönroos，1996；Grönroos & Helle，2012）。为了鼓励发展合作共赢的长期关系，在协同定价过程中要充分考虑客户需求和供应商的目标（Argouslidis & Indounas，2010）。关系营销的主要研究是从供应商的角度出发；企业通常给予一些重要客户价格方面的激励，以促进关系、巩固业务（Grönroos & Helle，2012）。Simatupang 等（2013）也强调激励计划的重要性，激励计划包括提供并反映与客户价值共创和解决买卖双方利益冲突的盈利性两方面。从这个角度来看，关系价格 RP（即数量折扣、功能津贴和促销津贴）表示一个激励组合。然而，RP 是一个较新的概念，容易从概念和经验上被忽视（Argouslidis & Indounas，2010）。并且这些文献不提供买方和供应商之间的权力平衡的定价如何实施，因为它们含蓄地假设供应商对买方的购买行为有足够的影响力。此外，尽管 RP 的研究是基于双赢的结果，但对分享增值的联合定价过程并没有展开清晰的定量分析和讨论。

2. 动态定价策略

随着电子商务的产生和发展，互联网为商品销售提供了新模式，同时也为研究商品定价提供了新的环境和要求（肯特等，2005），B2B 电商平台环境下的定价策略主要有特定商品定价策略、动态定价策略、双渠道定价策略和考虑逆向物流定价策略（倪明和王武，2011）。其中，动态定价策略是经济生活中最为常见的一种商品定价策略。如美国亚马逊网上书店采用了折扣价格策略，就是一种基于需求敏感的商品动态定价策略。与以往商品的静态定价机制相比，动态的商品定价策略更加符合商品市场的动态变化，能够根据市场实际情况的变动为商品制定合理的价格，从而赢得顾客，保持市场竞争优势。

由于电商平台综合了钢铁产业链上下游等多个交易主体的信息，存在信息透明度、及时性以及交割服务等优势，当经济环境的某个信息冲击钢铁市场时，信息的传播路径通常是先通过电商平台，再到达现货市场，实现影响因素的冲击到现货市场价格的传导联动效应，最后实现对企业的定价决策的影响（方雯等，2014）。胡凌冰（2012）认为，B2B 电商平台可能且必然会对传统钢铁产品的营销在采购成本、客户关系等方面带来深刻的影响，进而对钢铁产品的定价策略产生影响。随着 B2B 电商平台的发展和期货市场的完善，中国的钢铁企业定价周期越来越短，价格调整频率越来越高，价格黏性越来越小。从价格调整周期来看，日前国内钢厂主要分为月度定价、旬定价、随行就市定价等（陈波和程丽娟，2012）。

由此可见，随着信息化的渗透以及钢铁电商平台的发展，钢铁产品的调价周期越来越短，钢铁企业由相对静态的定价策略逐步向动态定价策略转变。但对钢铁产品动态定价策略的理论研究尚处于起步阶段。

3. 差异化定价策略

差异化定价（Price Difference）是指商品的卖方针对差异化的顾客群体、差异化的消费时间段以及差异化的购买量等采取差异化的价格策略，进而榨取尽可能多的剩余价值；属于市场经济条件下普遍存在的一种商业行为。差异化定价可以大大提高组织的盈利能力，提高客户的满意度（Fu et al.，2017）。于恩军和徐鲁君（2000）认为，差别定价的基本类型有三个：①针对每个客户收取尽可能高的价格，当然这需要关于消费者特征的更全面系统的信息（Bakos，1998）；②根据不同的购买数量进行不同的定价，即数量折扣；③针对不同需求曲线的群体进行不同的定价。差异化定价是销售企业提高盈利的一种价格策略手段，也是更好地管理销售渠道的主要手段（井浩涌，2002）。其中，数量折扣是营销学视角研究较多的，例如，Jeuland 和 Shugan（1983）基于利润分享机制推导得出数量折扣模型；Ingene 和 Parry（1995）设计了一个两阶段的博弈过程来确定数量折扣的最优定价机制模型。

以上分析可以看出，不同的定价策略之间不是完全孤立的，例如，在超二元的定价策略中，强调了关注客户，提出关系价格 RP 的概念，其中具体的数量折扣、功能津贴等方式跟差异化定价策略中的数量折扣、补贴等不谋而合。中国钢铁企业虽然没有突破"二元结构"定价策略的局限，但随着经济形势、信息技术的变化，在具体定价策略实施上，普遍使用了数量折扣、保值销售等与时俱进的方式，例如，华菱涟钢的板材和带肋钢筋均采用了（数量折扣）差异化定价策略（李臣佳，2016）。中国钢铁企业差异化定价策略的主要方式有四种：①大批量优惠。即经销商或直供用户每次订货量超过所规定的额度后，钢厂所给予的价格上的折让。②保值销售。通常是在市场价格波动较大的情况下，钢厂在经销商销售完产品后，视其经营情况给予的价格补贴，属于钢厂为减少钢贸商的市场风险而给予的一种商业承诺。③协议质押优惠。通常钢厂与钢贸商签订一个为期半年（或一年）的协议，规定钢贸商每月的最低订货量及协议期内钢贸商所必须完成的总订货量；一般要求钢贸商交纳一定的抵押金，未达到规定的订货量将扣压抵押金，达到订货量则给予价格优惠。④返利政策。与保值销售类似，部分钢厂根据价格的变动趋势和钢贸商的销售情况，在销售完成后给予钢贸商一定的返利。与保值销售对比，返利政策更多是正向激励；而保值销售侧重在降低市场风险，减少亏损。崔丙群和周庭锐（2016）研究发现返利策略对客户决定订购倾向和订购频繁倾向都有显著的正向影响。

（四）价格方案

在企业定价目标的指引下，选择合适的定价方法和定价策略，是为了制定合适的价格，而价格不是单一的数字，而是一个多维度多内容的价格方案。已有文献对企业价格方案多采用分阶段讨论的方式：假定企业在第一阶段确定其常规价格，在第二阶段确定其优惠条件/方式（Shaffer & Zhang，1995）。中国钢铁企业的价格方案制定亦是如此：在考虑多方面影响因素的前提下提出一个基础的出厂基准价（简称出厂基价），然后根据具体的环境、市场、钢贸商（客户）、销量等制定数量折扣、运费补贴等优惠政策。实践中，钢厂可视各区域市场供需情况、竞争态势等因素的变化，动态地调整出厂价和各项优惠条件。

出厂基价是与钢厂没有签订任何订货优惠协议的客户（含经销商、普通用户）来钢厂直接订货的采购价格（李拥军，2007；梁欣和左相国，2007），是钢铁企业的根本性定价。相关的价格优惠政策是基于出厂基价基础上营销手段的具体化，例如，区域市场运费补贴是钢厂针对不同区域市场的运输距离差异，对发往不同区域市场的产品给予不同的补贴额度，其目的是强化企业在重点区域市场的占有率，它适用于所有向钢厂直接订货的客户。而数量折扣是钢厂对与之签订长期订货协议的直供用户和钢贸商，在出厂价的基础上所给予的一种价格优惠。出厂基价和各项价格优惠政策共同构成钢厂定价决策的核心文件——价格方案。

（五）定价决策的案例研究

对钢铁企业价格行为的研究，除了定价目标、定价方法和定价策略等以外，有一些企业实践者或学术专家采用案例分析的方法，对某些钢铁企业具体的定价模式进行分析研究。张丙豪等（2005）对安钢企业进行案例分析，强调定价模式对实现企业目标的意义，并提出如何实现合理定价的建议和对策。从企业实践来看，钢铁企业有销售总部定价、外埠公司区域性定价、钢铁企业之间协商定价、钢铁企业与大的用户及经销商之间的协商定价等几种定价模式（李拥军和于涛，2006）。营销模式决定定价模式，因此，每一种定价模式均源自其企业的营销模式。本书从营销机理上来分析各种定价模式的优劣，对比见表2-1。

表 2-1　钢铁企业主要定价模式对比

定价模式	特征	不足
销售总部定价	出厂价为主；权力集中	不能体现地区市场的差异性
外埠公司区域性定价	据区域、客户等情况灵活定价	定价权确定难、渠道协调难
钢铁企业协商定价	市场集中度、市场秩序和诚信三者缺一不可	使用面窄
企业与大用户及经销商的协商定价	能够合理控制产品库存，有助于提高销售速度	一些大经销商拥有价格控制权可能引发恶性竞争

资料来源：笔者根据公开资料整理。

也有学者通过分析钢铁产业的产业集中度及对应市场结构下的价格形成机理和演变逻辑，构建价格的决策模型，最后在实证分析基础上提出定价的策略建议。例如，田志龙等（2005）等将中国的钢铁行业视为一个寡头垄断市场，分析市场中寡头企业的定价模式，认为钢铁企业定价的逻辑起点是研判市场大势，同时盯着其他寡头企业的价格行为，因此在寡头垄断的中国钢铁业中存在较明显的价格领导和跟随现象。对于寡头垄断市场的定价，Ong 等（2003）通过研究发现：寡头生产者在很大程度上依赖于对市场价格的预测，同时也非常关注竞争对手的价格行为，即寡头生产者的定价是战略性的。

第三节　期货定价与套期保值

历史经验表明，大宗商品定价机制的转变通常是一个长期而缓慢的过程，一般会经历"长协变短协""短协变现货""现货变期货"三个阶段，期货定价是定价机制的最高阶段。中国钢铁产品交易市场有现货市场、B2B 电子交易市场和期货市场三种（石晓梅等，2010），但钢铁定价机制尚未实现完全期货定价。

一、钢铁期货市场的发展轨迹

全球钢铁产品期货交易所有多个（见表2-2），许多期货市场已经趋于成熟，如伦敦期货交易所。在成熟的期货市场中，期货定价也成为主流的定价机制。我国钢铁领域现有期货品种 8 个，已经形成覆盖钢铁生产上下游的完善体系，其中：上海期货交易所螺纹钢、线材、热轧卷板是钢铁行业的主要产品，大连商品交易所的焦炭、焦煤、铁矿石是钢铁生产的主要原燃料，郑州商品交易所的硅铁、锰铁是钢铁生产的重要辅料。螺纹钢和线材期货于 2009 年 3 月 27 日在上海期货交易所（SHFE）正式推出，而后只用两年时间，成交量和成交额就居于期货市场之首。目前螺纹钢期货已成为国内成交量最大的商品期货品种，也是全球最大的钢铁类期货品种。即使如此，与伦敦期货交易所等国外成熟的期货市场相比，我国钢铁期货还是一个不成熟的市场，国际市场、原材料成本、楼市政策刺激等因素都可能造成钢铁期货的波动。

表 2-2　世界主要钢铁期货交易所

成立时间	交易所	期货合约种类	备注
2004 年 3 月	印度多种商品交易所（MCX）	钢平板期货和钢条期货	持仓量和交易量不大，价格波动幅度大
2005 年 10 月	日本中部商品交易所（C-COM）	废钢期货合约	日本唯一上市钢材期货的交易所
2007 年 10 月	阿联酋迪拜黄金与商品交易所	螺纹钢期货合约	
2008 年 4 月	伦敦期货交易所（LME）	地中海和远东两地交割的钢坯合约	历史最悠久、影响力最强的交易所
2009 年 3 月	上海期货交易所（SHFE）	螺纹钢和线材期货	

资料来源：笔者根据公开资料整理。

期货市场在理论上提供了转移价格波动风险的渠道，它与现货价格之间的关系一直是国内外金融市场价格发现功能研究的主要对象。国内诸多学者以螺纹钢为例研究我国钢铁期货价格与现货价格的关系，研究结果证实了螺纹钢期货和现货价格之间的长期均衡关系，因为多数钢铁现货可以通过螺纹钢期货进行交叉套利，锁定经营风险（马刚和马丽，2010；李静晶，2016）。钢铁期货的推出，无论是对涉钢企业规避价格风险，还是对钢铁市场平稳发展及稳定钢铁价格，都具有一定的积极意义（刘宏，2011）。

二、期货定价思想的演进轨迹

依据期货市场套利的充分程度和对交易者理性程度的认识和假定，期货定价理论解释可分为六种（陈标金，2014）：持有成本理论（马歇尔，1890）、无偏估计假说（Fisher，1896）、正常的反向市场理论（凯恩斯，1930）、仓储价格理论（Working，1949）、预期价格理论（Working，1958）以及有效市场假说（Fama，1970）。其中，持有成本理论的数学模型被表述为：

期货价 F＝现货价 S＋持有成本 C   （2-1）

1930 年凯恩斯引进"风险溢价"变量，提出正常的反向市场理论，对持有成本理论进行修正和完善。1896 年 Fisher 假定交易者"完全理性"，提出无偏估计假说，认为交易者能够正确预期未来的现货价 S，期货价 T 是到期现货价的无偏估计；期货市场能够准确地发现到期的现货价。1949 年 Working 试图通过引入预期因素解释期现货"价格倒挂"现象，提出仓储价格理论。期货价格预期决定论与套利决定论不同，强调交易者预期在期货价格形成中起决定作用，试图从另一个角度解释期货价格的形成机制。预期决定论的定价机理可以概括为价格预期决定期货价格，交易者并非完全理性，环境、信息和心理习惯的变化影响预期进而催生期货价格波动。预期对不同到期时间的现货价和期货价均会产生影响，并促成期货价与现货价的关联波动；从而推出结论：价格发现是期货市场的主要经济功能。1970 年 Fama 将这一解释系统化为有效市场假说，将有效市场定义为价格能够充分体现可获得信息变化的市场。

上述六种期货定价理论分别强调了期货市场与现货市场之间的套利行为和交易者预期在期货价格形成中的作用。对在期货价格形成中起决定作用的究竟是套利还是预期的理论争议，影响着人们对期货市场经济功能的认识。据此，可以将现有的期货定价理论分为三种类型：一是以充分套利为假设前提的套利决定论，包括持有成本理论、正常的反向市场理论和仓储价格理论。它们用"持有成本""风险溢价""便利性收益"三个变量解释期货与现货价格的关联与差异，认为套期保值是期货市场的主要功能。二是预期决定论，包括无偏估计假说和预期价格理论。这两个理论强调期货价格由交易者的预期决定，认为价格发现是期货市场的主要功能，只是前者假定预期完全理性，后者认为预期要受环境的不确定性和心理因素影响。三是套利和预期综合决定论，依据有效市场假说的逻辑，该理论认为"持有成本""风险溢价""便利性收益""信息""交易者的理性特性"都是期货与现货价格的关联与差异的解释变量，期货市场具有套期保值和价格发现双重功能。

三、套期保值与投机

（一）套期保值

根据经济学理论，现货市场价格主要由商品生产、运输成本及供求状况等因素决定，期货价格则是投资者结合现货市场商品供求状况、当前价格水平及其对未来价格预期等因素最终通过市场交易形成。商品的期货价格和现货价格是相互影响、相互作用的。一般来说，期货价格和现货价格之间的差额是由仓储和配送成本决定的，如果价格偏差超过仓储和配送成本，那么套利者通常会利用交易使价格趋于一致；因此在期货合约交割临近期，两种价格能够趋于一致，这也正是套期保值的基本原理。

期货市场的风险转移是通过套期保值实现的。所谓套期保值，就是在现货市场和期货市场对同种商品（或具有较强关联性的类似商品）同时进行数量相等（或相当）但方向相反的买卖活动，从而以一个市场的盈利弥补另一个市场的亏损，举例说明见表2-3。对商品的买卖双方来说，套期保值实际上是为其现货购买的一种价格保险，这种风险转移机制使期货合约成为控制成本和保护边际利润不可缺少的工具。潜在的套期保值者能够通过期货市场在一定程度上对冲其现货价格波动风险（汤乐明和张群，2011）。管理商品价格波动风险可以达到管理企业经营风险的目的，有研究表明企业运用商品期货等金融衍生品管理风险是有效的（曹玉珊，2012）。

表2-3　套期保值举例

产品	套保方法	金融工具	优势	预期	策略	目的	风险
螺纹钢	直接套保	螺纹钢期货	直接、有效、合理、方便	看涨	买入套期保值	锁定进货成本，建立虚拟仓库	预测风险、基差风险、头寸风险、操作风险
				看跌	卖出套期保值	锁定销售利润，避免库存价格下跌	

（二）投机

投机是期货市场价格的形成机制中不可分割的一部分。为了充分发挥期货交易套期保值的功能，期货交易市场允许投机交易商的存在。投机商进入市场，对为现货市场保值而买卖期货合约的生产商、加工商、贸易商以及其他商业机构十分重要；因为投机商为买卖双方提供对冲商品价格风险的机会，承担套期保值者试图回避的价格风险，同时也能促进市场的流动性。正是靠这种流动性，套期保值者进行的合约买卖活动才不致引起市场价格的大幅波动。但如果大量金融投资者进入期货市场，在增强商品市场与金融市场联动性的同时，也会增加商品市场泡沫。期货交易规则的高杠杆效应也使市场风险被明显放大，尤其是当部分投机者存在操纵行为[1]时。正所谓"水能载舟亦能覆舟",投机者的参与保证套期保值规避风险功能的实现;也正是投机者的非正规操作,让期货价格与现货价格的关系发生扭曲。肖树强和赵息(2010)采用 OLS 模型、B-VAR 模型和 ARMA-GARCH 模型等对螺纹钢期货的套期保值功能进行分析发现:与不进行套期保值相比,通过套期保值降低的风险有限,最多只能降低市场 15% 的风险,所以螺纹钢期货市场套期保值功能尚未得到充分发挥。

第四节　渠道权力

营销渠道是企业的重要战略资产,是构建竞争优势的一个不可缺少的方面(张剑渝,2005),制约着企业的发展。企业可以基于渠道理论对其营销渠道进行有效管理,以期理顺渠道关系、缓解渠道冲突、降低市场风险,使企业获取持续的竞争优势(Hendrikse,2011)。其中渠道权力是渠道理论的核心。

一、营销渠道与渠道理论

(一)营销渠道的界定

1972 年美国人 Stern 和 El-Ansary(1992)对渠道进行了首次系统论述。20世纪,学术界有关营销渠道(Marketing Channel)的定义可概括为"一组交换关系的组合,这些交换关系用来在获得原材料、消费以及分发商品和服务的过程中创造顾客价值"(Pelton et al.,1997)。后续诸多学者和相关组织对营销渠道的范畴进行了界定(如表 2-4 所示)。

表 2-4　营销渠道的定义汇总

学者	营销渠道的定义
Kotler(2000)	将特定的产品或服务从生产者转至消费者的过程中所需要的产品或协助转移的个人或机构
Stern 等(2001)	促使产品或服务顺利地被使用或消费的一整套相互依存的组织

---

① 期货市场的操纵行为是指操纵者利用资金、信息等方面的优势影响期货合约价格,使其朝着某个方向变动以便从中牟取暴利的行为。

续表

学者	营销渠道的定义
伯特·罗森 布罗姆（2006）	与公司外部关联的、达到公司营销目标的经营组织
美国营销学会 （AMA）	企业内部和外部代理商与经销商（批发商和零售商）的组织机构，通过这些组织，商品（产品或劳务）才得以上市销售

资料来源：笔者自行整理所得。

对营销渠道的各种界定进行理解，提炼出以下三个观点：①营销渠道是一个有组织有目的的系统；②营销渠道的目的是实现产品或者服务从生产者到消费者的转移；③渠道成员之间是相互依存的关系。

Kotler 在其《营销管理》一书中指出市场营销渠道包含三个类型：①分销渠道（Distribution Channels）负责向消费者展示、销售和递送产品或服务；②服务渠道（Service Channels）通过仓库、运输公司、银行和保险公司等组织为达成产品交易而提供过程服务；③沟通渠道（Communication Channels）通过网络、电话、邮件、报刊、实体店等方式向消费者广告产品信息，与消费者互动并接收来自消费者的反馈信息。

（二）营销渠道的功能

稳定有效的营销渠道是企业的战略资源。对于营销渠道的功能和作用，韦尔德（1916）认为，专业化的营销渠道可以产生经济效益。巴特尔（1923）强调中间商为生产者和消费者创造基本效用、形式效用、地点效用和时间效用。布瑞耶（1934）认为，营销机构能够有效地克服交换的障碍和阻力，因为它可以集中和分配所需要素。康弗斯和胡基（1940）研究了营销纵向一体化的潜在优势，即营销费用的降低和原材料或商品销路的确定性。综上所述可以发现：营销渠道执行实物、所有权、促销、谈判、融资、风险、订货及支付等几大流程（陆芝青和王方华，2004）。有效的渠道是企业营销成功的基础，高效率的渠道系统可以让企业、消费者或组织客户，在他们需要的时候、需要的地点、以乐于见到的方式购买到需要的商品与服务（侯淑霞，2006）。

（三）营销渠道理论

从 20 世纪初诞生以来，营销渠道理论大致经历了渠道结构理论、渠道行为理论和渠道关系理论三个发展阶段（Wilkinson，2001）。我国学者庄贵军（2000）和陈涛（2003）等认为，由于渠道关系的本质也是渠道行为，因此渠道理论只分为渠道结构理论和渠道行为理论两个阶段。渠道行为理论是营销渠道研究的焦点，而渠道权力是渠道行为的研究基础；因此，西方学者对渠道行为，尤其是渠道的权力、冲突和合作进行了大量的实证研究（庄贵军，2000）。

二、渠道权力的界定与来源

渠道权力是营销渠道系统内一个成员对处于同一系统内不同层次上的另一个成员的营销决策变量施加影响和控制的能力（Kim，2000），是渠道行为的基础变量（赖弘毅和晁钢令，2014）。营销渠道是由渠道成员组成，渠道成员之间存在相互依赖。因为存在依赖，所以产生渠道权力；又因为渠道权力差异，引发渠道冲突。权力与依赖的关系最早见于 Emerson（1962）的论述；渠道依赖—权力关系是渠道行为的基础，也是整个渠道行为理论研究的中心议题之一（Stern，1988）。

（一）渠道权力的界定

社会学研究者从两个角度界定权力：一是将权力定义为影响其他个体或机构行为的能力；二是从个体或机构之间相互依赖的角度定义权力。由于多数渠道权力理论研究者都是利用社会学中的权力概念来定义渠道权力，因此，对应权力的两种界定，渠道权力界定也存在"能力说"与"依赖说"两种学派。

1. 能力说

权力是一个行为者或机构控制或者影响另一个行为者或机构行为的能力。El-Ansary 和 Stern（1972）首次将权力概念引入到营销渠道研究领域，认为渠道权力是指在给定营销渠道中，一个渠道成员控制不同分销层次中的另一个渠道成员营销战略决策变量的能力。这个定义比较具有代表性，被后来的许多学者认可和借鉴。Frazier 和 Summers（1984）进一步指出，渠道权力体现一个渠道成员对另一个渠道成员态度、信念和行为的潜在影响。通过渠道沟通，每个渠道成员都可以使用它的权力。即使在非对称权力关系中，权力运用也能对双方关系产生积极效果，例如，促进双方的信任与合作。Weitz 和 Jap（1995）认为，渠道权力是一个渠道成员影响另一个渠道成员采取它原本不愿意做的行为的程度。基于这个观点，企业间权力等同于权威机制，也等同于单边关系；即企业权力被看作是边界人员使用压力或强制的同义词。Morgan 和 Hunt（1994）也以这种方式看待权力，将权力与病态性、功能混乱渠道关系相关联。他们虽然承认权力是一种能力，但是只认为强制权与奖励权是权力，而其他的诸如专长权、认同权等都不应算作权力，充其量只能算作影响，这些观点与社会学学者的权力观点相一致。

2. 依赖说

依赖是指特定成员为了实现其目标而对其他企业相关资源的需要程度，依赖强度受到资源重要性和替代性的影响（Frazier，1996）；或者表达为依赖是效用和稀缺性的乘积（陆芝青和王方华，2004）。资源越重要、稀缺性越高，则对它的依赖性就会越强。而一个渠道成员对另一个渠道成员的依赖程度即为权力（Stern et al.，1996）。在营销渠道中，如果渠道成员 B 对渠道成员 A 有所依赖，这种依赖就会赋予 A 一种潜在的影响力，B 就会改变其通常的行为以适应 A 的需求，即 B 的行为就要受到 A 的影响和制约；依赖程度越大，影响力越大。这种渠道成员之间的依赖产生的影响力就是"渠道权力"。

权力和依赖性在组织关系的动态演化中扮演着重要的角色。如果一个组织非常需要的某种稀缺资源，且不存在可替代的获取渠道，那么这个组织将会高度依赖掌握这种资源的其他组织（Pfeffer & Salancik，1978）；随着组织间互补资源的交换，双方就会产生资源的依赖性；当一个组织的依赖性高于另一个组织时，组织间的权力变得不平等，高度依赖性的组织变成权力弱势的一方。因此，渠道权力来源于渠道某成员对另一个渠道成员的依赖程度（Frazier，1983a），依赖性是权力的源泉；权力被视为依赖的函数（Emerson，1962），渠道权力是渠道成员间依赖关系的结果（Bowersox & Cooper，1992）；于是，大量的实证研究的结果表明（Etgar，1976；Brown et al.，1983；Skinner & Guiltinan，1985；Gassenheimer et al.，1994）：在被依赖与权力之间存在正相关关系，即一个渠道成员越被另一个渠道成员所依赖，这个渠道成员对于另一个渠道成员就具有越大的权力。

庄贵军和周筱莲（2002）认为，不论是能力说还是依赖说，两者在深层次上是合二为一的，即两者都派生于有价值的资源。渠道成员间的相互依赖是来自对其他渠道成员稀缺资源的需要，而一个渠道成员所拥有的资源可以被组合为不同的权力基础（钱丽萍和赵阳，2010）。

（二）渠道权力的特性

1. 资源性

Stern、El-Ansary 和 Coughlan 认为，权力是通过占有和掌握对方认为重要的资源而获得的，所以渠道权力的根本来源是渠道成员在相应渠道权力构成要素上的资源投入。由此可见，渠道成员要想获得渠道权力，就必须在渠道权力构成要素上进行资源投入。反过来讲，渠道成员可以通过在渠道权力构成要素上的资源投入来形成或获得渠道权力。

2. 相对性

渠道权力是渠道某成员相对于其他成员所具有的资源的优势或劣势，这种优势或劣势是相对的。面对不同的对象，对资源的需求有差异，依赖亦不同，因此，渠道权力大小会有差别。在谈到营销渠道权力时，必须说明是相对于谁的渠道权力，是在什么样的区域范围甚至时间范围内的渠道权力。

3. 动态性

渠道权力既然是渠道成员资源投入的结果，那么随着资源投入的变化，渠道权力的相对大小也会动态变化。对于拥有较大渠道权力的一方来说，要想维持自己的渠道权力优势，就必须不断在相关的渠道权力构成要素上进行投入。要想扩大自己的渠道权力，在相关渠道权力要素上的投入就必须超过其他渠道成员。对于不具有渠道权力或渠道权力较小的渠道成员来讲，要想获得较大的渠道权力，同样也必须在相应的渠道权力要素上投入更多的资源。如果渠道系统中各成员都在渠道资源投入方面互相竞争，那么整体的渠道优势就会得到提高，这时在渠道利益分配合理的条件下，渠道各方都将能够获得更多的利益。

（三）渠道权力的来源

社会心理学家 French 和 Raven（1959）认为，权力有以下五种来源：奖励权（Reward Power）、强迫权（Coercive Power）、法定权（Legitimate Power）、认同权（Referent Power）、专家权（Expert Power）；Raven 和 Kruglanski 在 1970 年又提出了一种新的权力来源：信息权（Information Power）。具体来讲：

（1）奖励权。是指一个渠道成员能够给予另一个渠道成员某种有价值的东西以帮助其实现目标的能力。例如，一个零售商具有给某种产品（实际是生产这种产品的企业）更多或更佳的展览货位的能力；而生产商则具有为零售商提供批量折扣、优先供货的能力。

（2）强迫权。是指一个渠道成员处罚另一个渠道成员的能力。如生产商对批发商/经销商/零售商前述优惠条件的撤销与威胁的能力。一般而言，在长期内，强迫权力的效果不如其他能够产生积极作用的权力类型，所以，使用强迫权力往往是"不得已而为之"。

（3）法定权。是指一个渠道成员利用内部成文与不成文的规则（norms），影响另一个渠道成员行为决策的能力，而后者有义务接受这种影响。该权力的重要特点是渠道权力客体感到无论从道德、社会或者法律的角度出发，都应该同权力主体保持一致，或者有义务去遵从权力主体的要求，这种责任感或者职责感有两种来源: 法律和传统/价值观 (Coughlan et al., 2001)。

(4) 认同权。是指渠道成员以其特有的形象与吸引力,获得其他成员的尊重和认同,进而影响另一个渠道成员行为决策的能力。认同权表层来源是参照与认同,其本质是渠道权力客体对权力主体的一种心理认同。这种权力的深层来源是权力主体的声望与地位。一般名牌产品、名店具有这种权力。

(5) 专家权。是指一个渠道成员在某方面的专业知识构成对其他成员的影响力。如厂商商品知识、中间商的经销专长等。

(6) 信息权。是指信息掌握充分的渠道成员对信息不充分的成员形成信息上的优势产生的依赖与影响力。例如,零售商对客户、市场的信息优势产生的对制造商的信息权。

由于渠道成员相互依赖,因此每个渠道成员都对其他渠道成员拥有一定的权力。以上六种权力来源在渠道成员中交织存在,相互影响、相互牵制。例如,奖励权和强迫权是可以相互转化的。当一个渠道成员为另一个渠道成员提供某种优惠时,这是在行使奖励权;而当它撤销或威胁要撤销这种优惠时,则是在使用惩罚权。而法定权和惩罚权的区别在于:法定权一般是有法律/契约保证的,一方违法时另一方实施的惩罚可以通过法律机构进行;惩罚权则无法律保证,一方对另一方的惩罚是直接的,无须法律机构或其他机构参与。专家权与奖励权的区别在于:作为一种资源,专业知识一旦提供给合作伙伴,就不能再撤回;而奖励权是可以撤回的。信息权与专家权很相似,两者在提供出去后就不能再收回;两者的区别在于:专家权是长期经验积累或专业训练的结果,而信息权力则只是由于一个渠道成员容易接触到某一类信息而对于某一类事物具有更多的知识。

根据不同的分类标准可以将六种权力来源进行不同的分类。主流的分类方法有强制性权力 (Coercive Power) 与非强制性权力 (Noncoercive Power) (陈涛,2003)、媒介权力 (Mediated Power) 和非媒介权力 (Non-mediate Power) 两种。Johnson (1993) 运用 Meta-analysis 方法对以上两种分法进行优劣比较,发现两种分类没有太大的差别。第一种分类:强迫权归入强制性权力,其余的均归入非强制性权力;第二种分类:是以权力来源因素是否对合作方的观念产生影响为依据进行划分的。奖赏权、惩罚权以及基于合同约束基础上的法定权均可以归为媒介权力。专家权、认同权、信息权以及基于社会准则和规范之上的、并非来自法律合同的传统法定权 (Traditional Legitimate Power) 被归为非媒介权力。将渠道成员拥有的权力进行归类,能够简化研究,但也会掩盖不同类型权力的特征及其作用效果，由此造成理论观点和实证研究结果的不一致。

三、渠道权力结构与使用效果

渠道权力的使用效果是渠道行为理论的重要研究领域之一，该问题的研究对企业渠道管理活动具有最直接的指引作用（赖弘毅和晁钢令，2004）。渠道成员通过拥有权力或有意识地使用权力，能够实现所期望的目标或目的，即渠道产出。渠道产出分为定性产出与定量产出，前者是指渠道成员之间所达成的关系状态或水平，而后者则是指渠道的整体绩效和每个渠道成员的个体绩效。因此对于渠道权力使用效果的研究主要有两个方向：一是分析渠道权力结构，而后在不同的权力结构下，分析（网上）直销和传统零售商的（定价）决策行为；二是直接分析各种权力或者权力类型引发的渠道冲突以及对渠道绩效的影响。

（一）渠道权力结构

由于渠道成员在资源禀赋、专业能力及渠道角色等方面的不同，相互依赖水平存在较大差异；而一个渠道成员对另一个渠道成员的依赖是后者权力的来源，因此渠道关系中相互依赖的总量以及相互依赖的不平衡程度与关系中权力的总量以及权力的不平衡程度是对等的（Kumar et al.，1995）；即依赖的差异导致渠道关系中不同的权力结构（Emerson，1962）。国外学者对渠道研究较早，在分析渠道成员的权力结构时一般假设只考虑制造商和零售商两个渠道成员（Shugan，1985；Moorthy，1987，1997；Staelin，1983）。Choi（1991，1996）按上下游成员定价时机（即先动或者后动），将渠道成员间的权力结构分为三类：制造商领导（Manufacturer Stackelberg，MS）、零售商领导（Retailer Stackelberg，RS）以及纵向 Nash 同步（Vertical Nash，VN）。后续很多研究是在此分类框架下，针对某些行业进行不同权力结构下最优定价以及对应的渠道绩效问题的研究。孙浩和达庆利（2013）研究发现：制造商和零售商在形成垂直纳什均衡时的闭环供应链绩效最优，其次是制造商主导的闭环供应链，最差的是零售商主导的闭环供应链。然而在早期的有关营销渠道的研究中，大部分文献都假定渠道权力结构为MS（Coughlan，1985；Moorthy，1988）。

国内部分学者将渠道权力结构分为四种类型（见图 2-3）：权力低度均衡型（Ⅰ）、权力倾向制造商型（Ⅱ）、权力高度均衡型（Ⅲ）和权力倾向贸易商型（Ⅳ）。张廷龙和梁樑（2012）针对不同渠道权力结构以及不同信息结构建立博弈模型，分析不同情境下的各渠道成员的收益情况。

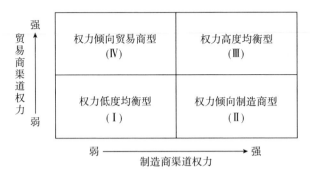

图 2-3 渠道权力结构类型

资料来源：董春艳，张闯. 渠道权力结构与进场费的作用关系——基于中国家电渠道的案例研究 [J]. 中国工业经济，2007（10）：119-126.

西方渠道理论认为，渠道权力结构状况是影响渠道稳定性的关键因素，平衡而对称的渠道权力结构，有利于渠道关系的稳定发展；失衡或不对称的渠道权力结构，容易引发渠道冲突，妨碍渠道关系的稳定。实证研究也证实渠道权力的不同结构会造成渠道系统运行绩效的重大差异，例如，高度均衡的渠道权力结构能够促进渠道成员之间的信任和承诺，从而改善整个系统的运行绩效（Gunddlach & Cadotte，1994；Lush & Brown，1996；Kim & Hsieh，2003）；失衡的权力结构往往会产生利己和剥削行为（Anderson & Weitz，1992；Heide，1994），渠道关系中行为规范的形成也会受到阻碍（Lush & Brown，1996）。

（二）渠道权力的使用效果

在渠道行为研究中，通常以渠道权力为基础变量，渠道权力使用效果为后置变量。由于后置变量的衡量指标有多种，结论亦有差异：Hu 和 Sheu（2005）认为，经销商信息权的使用有助于双方培养良好的氛围和情感。而钱丽萍和赵阳（2010）从经销商的视角研究发现，信息权、奖励权等使用对渠道成员信任具有不同的影响。例如一些学者认为，奖励权能够增强渠道成员间的认同和相互依赖，改善渠道关系（Johnson et al.，1993）。但 Stern 等（1973）研究发现，当行使奖励权和惩罚权时，冲突水平最高；而行使认同权和专家权时，冲突水平最低。Brown 和 Johnson（1995）得出类似结论：经销商奖励权的使用会让供应商逐渐失去自主性，容易引起供应商的不满，增加渠道冲突，降低信任。

鉴于后置变量的多样性以及由于不同行业、环境等因素导致的结论差异等问题，赖弘毅和晁钢令（2014）从社会交换理论视角，使用元分析技术对已有的研究进行了系统的对比分析，从时间维度上将渠道权力的使用效果分为了短期（经济绩效和屈从）、中期（合作和冲突）和长期（满意、信任、承诺）三种使用效果（见图2-4）。其中，经济效益和屈从是一次性使用渠道权力的直接目的，属于外在性报酬；冲突与合作已经转化为一种行为状态，具有时间上的延展性；满意、信任和承诺是一种心理状态，是渠道成员在合作后形成的具有持续性和稳定性的内在性报酬。

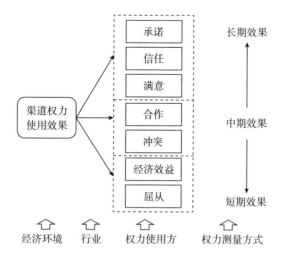

图2-4 渠道权力使用效果分类

资料来源：赖弘毅，晁钢令. 渠道权力的使用效果研究——基于元分析技术 [J]. 南开管理评论，2014（1）.

（三）渠道冲突

尽管诸多渠道权力使用效果的研究后置变量不同，结论也有差异，但绝大多数的学者得出这样的结论：强制性权力与渠道冲突呈正相关，与满意度呈负相关，而非强制性权力恰好相反（Hunt & Nevin，1974）。在渠道权力的使用效果中，对渠道冲突的分析最多。

对于渠道冲突的原因，国外的主流观点是目标不一致、角色不互补、资源稀缺、认识上差异、期望值方面的差异、决策领域无共识、沟通不足等（庄贵军，2000）；在这些方面的差异越大，渠道成员发生冲突的概率越大、频率越高，后果也越严重（Rosenberg & Stern，1971；Etgar，1979；Eliashberg & Michie，1984）。国内学者大多认为渠道冲突的原因是渠道权力的失衡、利益冲突等；本书的观点是权力结构的失衡，是外在的基本条件，利益冲突是渠道冲突的根本原因。当利益目标不一致且权力不对称时，拥有较大权力的渠道成员会通过使用权力迫使权力较小的渠道成员违背"意愿"，或者在分配渠道收益时，以己方利益优先，从而产生渠道成员之间的冲突。权力差距越大，收益分配越不公平（斯密德，2004），冲突也就越严重。

四、渠道协调之渠道定价

（一）渠道协调

渠道权力失衡（不对称）会引发渠道冲突；渠道冲突会影响渠道最优绩效的实现，因此需要渠道协调（Channel Coordination）。只有协调好渠道成员之间的关系才能有效地避免渠道成员进入"囚徒困境"，进而实现共赢。渠道协调是实现渠道管理目标的主要工具，也是学术界对营销渠道管理研究的焦点之一。Thomas 和 Schmidt（1976）调查研究认为，渠道冲突后的渠道管理与计划、沟通、激励乃至决策同等重要，甚至比它们更重要。渠道冲突既是由权力使用引起，也可以由权力使用避免和协调；例如，可以利用奖励权来减少渠道成员利益之间的差异，也可以利用法定权力来约束利益冲突，还可以利用专家权实现利益共享或满足其他成员的心理追求。对这些权力的使用，都有利于防止冲突的发生或减轻冲突程度。

另外，通过价格机制控制分销商行为进行渠道协调的研究也比较多（Aussadavut，2008），这也是市场营销学和经济学中经久不衰的研究主题，实质乃渠道协调问题。由于所有的交易都是一种契约关系，因此，供应商可以通过提供回购（Tsay，2001）、数量折扣（Corbet & Ingene，2000）、批发机制（Chen，2001）以及两重价（Two-part Tariff）等形式的契约来协调渠道关系。上述协调渠道的方式的共同点均是跟价格有关。价格是市场营销的关键变量，渠道权力的核心是定价权，因此，基于渠道权力的定价问题自然成为了渠道协调的焦点。学者 Tsay 和 Agrawal（2004）、Cattani 等（2006）、Kurata 等（2007）研究指出：渠道定价策略是影响渠道协调的关键因素之一；1988 年 Moorthy 提出一系列的渠道协调的价格机制，Cattani 等（2006）研究了制造商如何通过采取适当的定价策略来解决传统渠道和直接渠道间的竞争问题。Dumrongsiri 等（2008）还依托博弈论通过数学建模的方法分析渠道定价问题，得出类似结论：降低批发价格能有效地缓解渠道冲突。

国内严淑宁和庄维为（2005）提出，通过协调渠道关系和渠道功能转移等因素整合成本优势，指出在采取成本导向定价法时应协调渠道关系和分销的专业化。叶飞（2005）、叶飞等（2006）利用不对称 Nash 协商模型建立激励供应商与分销商进行协作的利益协调模型，指出协调决策下整个渠道链的收益大于分散决策时整个渠道链收益；通过协作可以保证合作各方收益增加。因此，渠道协调的目的是使渠道链条上经济主体的总利润最大化，从而使主要利益主体实现双赢（多赢）局面。而渠道协调核心工作是确定制造商的批发价格，批发价的确定跟数量折扣密切相关。

（二）数量折扣

Dolan（1987）正式提出数量折扣协调机制，现已成为很多行业重要的定价策略。数量折扣（Quantity Discount）是指制造商根据零售商购买数量的不同加以区别定价，是差异化定价策略的典型代表。Monahan（1984）从生产供给方角度研究发现，零售商订货量的增加与数量折扣的大小正相关，足够大的数量折扣可使零售商订货量增加，从而增加供应商的净利润。Lee 和 Rosenblatt（1986）对 Monahan（1984）模型进行拓展，将制造商和零售商都考虑在内。Jeuland 和 Shugan（1983）、Ingene 和 Parry（1995）研究不同渠道结构下数量折扣协调机制。Chen 和 Zheng（2001）研究了年销售量、订货量、订货次数三种非传统要素的折扣定价问题。数量折扣除了以一种与购买数量直接挂钩的价格机制来体现，还可以通过一种更简单的、价格与数量呈非线性关系的形式体现，这便是两重价，即可以利用更简单的两重价来达到相同的渠道协调目的（Moorthy，1987）。Fruchter 和 Tapiero（2005）假设消费者对在线销售渠道的接受程度异质，分析 MS 下的 Stackelberg 两重动态定价决策，验证了其渠道协调效果。王文宾等（2011）运用二部定价的思想，针对不同渠道权力结构下闭环供应链定价决策问题进行渠道协调的研究。

21 世纪初国内也有大量学者对数量折扣进行了研究，尤其是针对信息不对称的情形。曾伟等（2006）提出，在面对随机价格灵敏需求且双方拥有不对称信息时，在制造商 Stackelberg 策略下，通过数量折扣手段来促成渠道链的协调定价，该策略能使制造商、销售商及渠道链的利润得到提高。周永务和冉翠玲（2006）运用激励相容机制进行了类似的分析得出了相似的结果。赵小芸和李传昭（2006）指出，渠道链上企业间合作时的利润要优于非合作时的利润，并同时指出零售商的售价决定渠道链的利润，供应商的价格决定了渠道链的利润在供应商与零售商之间的分配，这与国外的研究成果结论一致。

（三）双渠道定价

当传统经销商销售占比较高时，制造商有强烈的动机和采取各种办法来缓解渠道冲突（邢伟等，2011）。但随着网上营销渠道的拓展，网上渠道占比提升，解决渠道冲突的侧重点和方法有所改变。于是，诸多学者开始对比研究网上渠道跟传统零售商（以下简称双渠道）两种情形下的定价策略及渠道冲突解决办法。Park 和 Keh（2003）对比 MS 和 RS 渠道权力结构下的双渠道定价均衡问题，结果显示：在双渠道情形下，渠道主体的总体利益及制造商的收益都增加，但传统零售商的获利下降，从而可能引发渠道冲突；而 Chiang 等（2003）却有不同的结论：制造商开辟网络直销渠道可以获得更多的利润，零售商由于可以获得更低的批发价格也可能获得更多的利润，等等。Arya 等（2007）也研究了双渠道下的均衡价格问题，结果表明制造商考虑到网上渠道对传统零售渠道的冲击，通常会采取降低批发价格的策略，最终制造商和传统零售商的收益都得到提高。Liu 等（2010）研究制造商集中控制下的双渠道定价策略，指出市场环境越乐观，最优零售价格将越高。

除从制造商视角进行研究外，有的学者也从传统零售商的视角研究双渠道情形下的渠道冲突以及应对策略。刘军等（2011）研究发现，制造商对强势零售商的产品批发价格定价权发生转移时，三种渠道权力结构下均衡结果的差异。传统经销商通常会采用个性化定价策略、店铺扩张策略。Guo 和 Liu（200）认为，通过阻止制造商开通网上营销渠道，可以避免潜在的渠道冲突；也可以通过改善优化增值服务提高客户体验来拉大与线上直销产品的差异，进而缓解双渠道情形下的渠道冲突问题（Mukhopadhyay et al.，2005）。Geylani（2007）和浦徐进等（2007）在 MS 下研究发现，制造商能够通过帮助弱势零售商促销产品或者开通网络直销渠道获得更多利润。

第五节　我国钢铁营销渠道现状与价格"倒挂"

一、钢铁营销渠道现状

从世界范围来看，钢铁流通的模式大体可以分为三类：日韩模式、欧美模式和中国模式。日韩模式的特点是钢铁企业管生产，商社管销售，实行佣金代理，钢铁企业97%的产品都是通过商社来销售的。欧美模式正好与日韩模式相反，此种模式下的钢铁销售主要以钢铁企业为主。例如，德国钢铁企业80%的产品是直销给用户的，而余下的20%交中间商销售。中国模式是介于欧美模式和日韩模式之间，钢厂自销和钢贸商销售并存的一种模式。中国钢铁工业独特的发展历史以及不同于其他国家的经济发展模式，决定了中国的钢铁工业很难去直接照搬或模仿其他国家的成功模式。

（一）我国钢铁产品营销渠道分布

营销渠道具有明显的时代特征。当今社会是信息化、网络化、知识化不断发展的时代，营销渠道在与时代发展保持一致的基础上呈现出扁平化、虚拟化、多元化以及网络化的特征。进入21世纪后到金融危机之前，中国的钢铁工业进入爆炸式增长阶段，中国经济也发展迅速，因此，钢铁行业属于供需两旺，此时，钢铁流通渠道主要有直供、分销、零售和分支机构销售等多种方式（见图2-5、图2-6和图2-7）。金融危机爆发后，国内外需求锐减，而此时中国政府又有"四万亿"计划刺激，直接导致并加剧了中国钢铁行业的供求矛盾。产能过剩、销售不畅、利润微薄迫使钢厂开始降本增效，大力消减分支机构销售，加大直销直供，同时加大对钢贸商的依赖。据中国钢铁工业协会数据，2017年分销渠道钢铁产品销售增量占国内市场总销售增量的比重为74.52%。直供渠道销售增量占国内市场钢铁总销售增量的比重为10.97%。对中国钢协会员不同种类钢铁（中小型型钢和大型型钢）营销渠道分布情况以及钢协重点企业总的渠道销售额占比情况分析可知，无论何种类型钢铁，总量上占比最多的营销渠道是直供直销（直接渠道）和协议户模式或者称为钢贸商模式的分销（间接渠道），这两部分加起来占总销售额的70%以上（曹建忠和卢虎生，2012）。

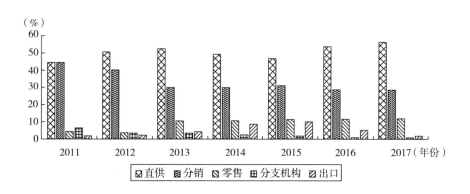

图2-5 中国钢协会员中小型型钢营销渠道分布

资料来源：中国钢铁工业年鉴（2018）。

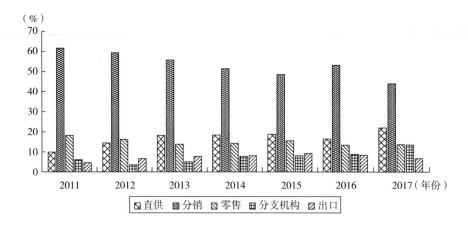

图 2-6　中国钢协会员大型型钢营销渠道分布

资料来源：中国钢铁工业年鉴（2018）。

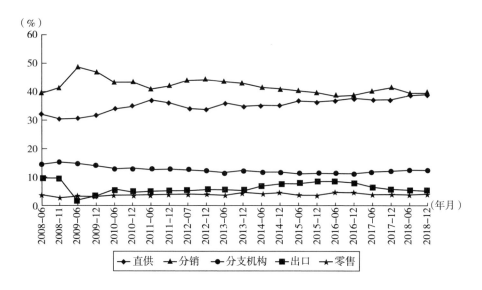

图 2-7　中国钢协重点企业营销渠道占比

资料来源：中国钢铁工业协会网站。

虽然我国钢铁产品的流通渠道中钢贸商占据重要甚至主导地位，但是钢贸商的竞争优势并不明显，关键在于我国的钢铁流通行业缺少一定数量具有龙头地位、能够带动、整合分散资源的大型企业。在新形势下，钢贸商向钢厂订货大幅减少，钢铁流通领域的"蓄水池"功能不断削弱，对钢厂造成不小的伤害；同时许多钢贸商退出协议户行列，也对钢厂产生不小的冲击。此时 B2B 电商平台的迅速发展给钢铁产品的营销增添一个选择。

（二）协议户—钢贸商模式

钢厂—钢贸商—客户是钢铁传统渠道结构中的经典模式，也称"金字塔"渠道结构模式。钢厂会选择有资金优势、仓储能力、区域市场优势、终端用户和分销能力的经销商（钢贸商）作为协议户（或者是一级代理商）。协议户是钢铁产品营销最传统也是最常见的营销模式。这种模式以其广大的辐射能力为厂商占领市场、扩大市场占有率做出了巨大贡献，其优势是"蓄水池"功能；协议户承担着保产、保回款的任务。钢厂可以专注于组织生产，每月根据协议户的订货量来按计划生产、组织发货即可，钢厂不再为产品销售投入过多精力，营销成本较低。营销风险主要由经销商承担。缺点是钢厂要给予协议户很多营销优惠政策，如批量优惠、预付款优惠、运输补贴、销售折扣等，各项优惠政策占据钢厂的部分销售利润。优良协议户会极大地减轻市场压力，其资金实力、市场覆盖程度、对下级经销商的控制和管理、进一步控制市场的能力以及销售网络的维护能力等都是钢厂的潜在财富。

由于我国钢厂的主流产品是螺纹钢等线材，而这些主流钢铁产品的客户是大量分散的、规模相对较小的建筑公司、金属加工企业和工程项目，单个用户对产品需求量少、种类多，而且不确定性大，钢厂无法直接满足这些分散的、需求量较小的用户的需求，而钢贸商则可以通过其集散功能，满足终端用户不同品质、不同材质、不同规格的用钢要求，完成钢铁产品从生产企业到最终用户的转移。因此，目前钢贸商依然是我国营销渠道的主流。

（三）直销直供

直销直供也叫零级渠道或钢铁企业自营渠道，是将产品直接销售给终端客户，是钢供应链最短路径的营销渠道。其优点在于减少中间环节，提高产品售价，钢厂对产品有很强的控制能力。缺点是直供对钢厂的保供要求非常高，如果由于钢厂生产原因断供将直接影响对方的生产或施工进度；尤其是终端用户出现资金紧张时，仍然需要中间商托盘销售。近几年钢铁价格大幅波动，钢铁利润微薄，迫使钢厂增加销售、压缩成本，而且 B2B 电商平台的普及，为钢铁企业开展直供直销提供了更多的可能和机会。

钢厂直供客户，从渠道成本、熟悉市场、服务客户的角度看是利大于弊。但钢厂直销直供也存在诸多的障碍和困难，主要体现在以下四个方面：一是钢铁属于资金密集和技术密集型产业，规模经济促使钢厂进行规模化和集约化的大生产；这与客户的多品种、多规格的个性化需求、全面化服务存在一定的冲突。二是钢厂的生产和物流周期长，有时很难满足客户即时性的需求。三是钢厂目前的定价机制跟某些大型企业客户的价格（成本）锁定要求很难匹配。四是钢厂目前的先款后货的模式和客户货到付款模式矛盾。

（四）B2B 电商平台

随着信息化和 IT 技术的更新换代，电子商务盛行（Gunasekaran et al.，2002）。中国的 B2B（Business to Business）电子交易市场是一种全新的现货交易模式：通过互联网技术的承载，对相应商品进行即期交易或中远期订单交易（张强等，2009）。我国对大宗商品的中远期交易实施专门的控制与管理（陈进，2013）。电子交易市场是一个公开、公共的商务平台，能够规避现货市场竞争不充分和透明度差的问题；并且市场对交易商品进行规范，将不同地区的商品差异进行升贴水交割，能够规避同类商品价格差异导致的交易障碍（郭华山，2015）。B2B 电商平台是一种拥有良好前景的企业之间的交易形式，它的推广使用给行业和企业带来巨大的冲击，也是商业流通领域在互联网时代的伟大变革（李岩，2017）。主要作用是提供交易的先行服务——信息匹配。与静态聚合机制不同，匹配机制将买卖双方聚集在一起，在动态和实时的基础上协商价格（Kaplan & Sawhney，2000）。

B2B 电商平台的突出优点是节约交易成本和提高交易效率（Kambil & Heck，2002；Teich et al.，2006）。一方面，买方寻求更低的钢铁价格，更快的采购周期，更短的订单处理和履行周期以及更低的管理成本；另一方面，卖方希望有新的分销渠道，更广泛的客户群，以及增加销售、减少库存和降低销售/服务成本的新手段。钢铁 B2B 电商平台可以进行实时资源查询、网上交易、网络配送、物流服务、业务撮合和线上融资等线上交易服务，可以有效解决钢铁产品现货流通环节中的信息不对称和配套服务不完善等问题，从而促进钢铁产品现货商流、信息流、资金流和物流的高度集中和资源的优化配置（冯耕中等，2016）。为钢厂和钢贸商都带来信息、交易方面的便利，各种规模的公司预计将受益于信息不对称的减少和由于采用一系列电子商务应用程序而加强的商业关系（Mansell，2003）。B2B 电商平台提供交易便利的同时，对钢铁产品的定价造成了不小的冲击。动态定价环境、价格透明化、市场机会的增加、成本减少等方面都影响交易价格。B2B 电商平台渠道主要采取多对多的动态定价模式，为我国由钢铁大国转为具有定价权的钢铁强国提供了更多的可能和机会（石晓梅和冯耕中，2010）。

二、价格演变与价格"倒挂"

（一）从出厂价到市场价的演变

世界营销大师菲利普·科特勒在《营销管理》定义营销渠道时指出，大多数生产者不会直接将产品销售给最终用户，在两者之间还存在一组完成多种职能的中介机构，这些中介机构组成了营销渠道。渠道中各个中介机构凭借着自身的销售网络、经验、专业知识和资金优势等，有效地把商品销售到目标市场；根据以上分析可以这样连接钢铁产品的出厂价和市场价：

市场价＝出厂价＋（市场中介）交易成本　　　　　　　　　　（2-2）

在式 2-2 中，钢厂出厂价与钢铁产品消费者支付的市场价的差额就是运用市场中介实现销售产生的代价，同时也是市场中介的利润来源。因此，本节从交易成本视角来分析出厂价到市场价的演变过程。

1. 交易成本

产品从生产企业到达消费者的交换过程是存在障碍的，而"交换障碍的克服"正是市场营销学的理论内核（晁钢令，2002）。要克服交换障碍是需要付出代价的，这便是交易成本。交易成本的大小是交易效率[①]的主要指标。交易成本在经济学和管理学中占据重要的地位，诸多学者也对交易成本从不同的视角进行了界定（见表 2-5）。尽管这些交易成本概念各具特色，对人们把握交易成本的概念本身有所帮助，但它并不能转化为一个可操作性的衡量交易成本的方法。

表 2-5　交易成本的界定

学者	交易成本的定义
Coase（1937）	"价格机制的运行成本"或者"公开市场交换的交易成本"；发现价格、谈判、签约等过程发生的成本均属于交易成本
Coase（1961）	价格机制之"为了进行市场交易，有必要寻找谁愿意做交易、通知那些想要的人并说明条款、对讨价还价做出谈判、拟定合同、对合同条款进行监察，等等"的成本均属于交易成本

---

① 交易效率（Transaction Efficiency）最先由经济学家杨小凯于 1988 年提出（Yang，1988）：假若一个人购买 1 单位（元）商品时，他实际只得到 k 单位（元）商品，那么这 1-k 单位（元）便可称之为交易成本，而 k 单位（元）可称为该笔交易的交易效率。这一定义法模仿了"冰山运输成本"技术（Samuelson，1952），对交易成本的衡量意义重大。

续表

学者	交易成本的定义
Arrow（1969）	经济系统运行的成本才是交易成本
Williamson（1985）	包含事前起草、谈判、准备合约的成本，也包括事后可能的扯皮、维护以及保证合约履行的成本
张五常（1989）	为只有群居社会中才存在的制度费用
Barzel（1997）	转移、获得和保护权利的成本

资料来源：笔者自行整理所得。

对交易成本进行深入研究的典型代表是 Coase（1937）、Williamson（1975、1985）在科斯研究成果的基础上，做出了进一步的补充和完善，例如，1975 年，威廉姆森对交易成本进行进一步的划分，认为交易成本分为搜寻成本、信息成本、议价成本、决策成本、监督成本和违约成本。与此同时，威廉姆森认为交易成本主要来自以下六个方面：有限理性（Bounded Rationality）、投机主义（Opportunism）、不确定性和复杂性（Uncertainty and Complexity）、资产专用性（Specific Investment）、信息不对称（Information Asymmetric）及氛围（Atmosphere）（科斯等，2003）。

2. 传统钢贸商和 B2B 电商平台交易成本的对比

由于知识结构、信息结构的不同，厂家和终端用户要达到均衡，将要付出很高的交易成本。而中介机构的出现，由于其掌握的知识、信息较全面，在中介机构和厂家以及和终端用户之间的交易容易达成。因此，理想中介渠道的存在大大降低了产品从生产商到终端用户过程中发生的交易成本。传统钢贸商属于贸易中介，其利润来源就是通过低价买进高价卖出获取价差实现。同时，对于钢厂而言，该价差正是交易成本。

随着 B2B 电商平台的不断完善，诸多学者对 B2B 电商平台的交易成本进行了研究，并从不同的角度分析得到交易成本降低的结论。Pant 和 Cheng（1990）、Hendriks（1999）和张绍动（2002）分别从通信科技视角和通信科技及电子商务视角分析发现：IT 的进步可以增加信息沟通渠道，改进生产和交易流程，减少信息不对称；这将降低有限理性、机会主义、市场不确定性以及资产专用性；因而必然会降低交易成本，提高交易效率。从实质来看，通信科技和电子商务对交易成本的影响通过两个路径实现：一是大大降低了签约前的信息成本（Bakos，1997）；二是使交易契约的订立可以远距离、非人格化进行；毫无疑问这将提高整个经济体的交易效率水平。具体来看：一方面，买方寻求更低的商品和服务价格，更快的采购周期，更短的订单处理和履行周期，以及更低的管理成本；另一方面，供应商希望有新的分销渠道，更广泛的客户群，以及增加销售、减少过剩库存和降低销售/服务成本的新手段（Kambil & Heck，2002；Teich et al.，2006），这些将无疑会推进现有企业的营销渠道模式的变革（孙瑞红和叶欣梁，2006）。

（二）钢铁产品价格"倒挂"

通过以上分析可知，钢厂的钢铁产品通过各类市场中介/渠道到达钢铁产品的需求者的商流过程，也完成了从钢铁产品出厂价到市场价的演变（见图1-2）。从钢铁产品的出厂价到市场价的数量关系表达式（2-2）和演变路径可以看出，两者的逻辑关系应该是出厂价加上交易成本/市场中介的收益（利润）得到市场价，也指出厂价跟市场价的差额是市场中介的收益来源。然而，实际的调研发现：钢铁产品的市场价和出厂价之间普遍存在出厂价大于市场价"倒挂"现象，例如，以螺纹钢HRB400为例，沙钢集团的出厂价跟对应就近南京地区的市场价和包钢集团出厂价与就近北京地区的市场价之间"倒挂"现象明显；同样，南京钢铁的出厂价与当地南京地区的市场价"倒挂"现象更是彻底（如图1-3所示）。

第六节　本章小结

本章对研究问题涉及的定价机制和渠道权力的相关理论进行阐释和综述。市场体制和价格理论已经成熟；针对我国钢铁价格问题的研究主要从经济学视角研究价格形成及波动的显著性影响因素或者从管理学视角研究钢厂的价格行为。随着期货市场的发展和B2B电商平台的完善，钢铁产品的营销渠道管理和定价机制受到冲击。渠道权力对渠道定价决策影响的研究延续了"渠道权力—权力结构—渠道冲突—渠道协调（价格策略）"的路线。文献综述分析发现：渠道权力、渠道冲突和渠道协调的研究也已经成熟，渠道协调的研究主要聚焦在价格策略方面，包括两个基本的分支：一是介绍价格策略中的数量折扣方式，研究模式一般是研究如何利用数量折扣的价格策略来缓解渠道冲突，提高渠道绩效；二是随着线上渠道的普及，分析双渠道下不同权力结构下的渠道定价问题，多数采用定量分析方法，通过构建定价模型来确定不同渠道的最优定价决策。

有效市场假说（Efficient Markets Hypothesis，EMH）认为市场（均衡）价格

是市场信息的汇集器（Aggregator），人们笃信这个汇集器能够迅速而准确地汇总全部信息。然而我国钢铁产品价格大幅异常波动和价格"倒挂"现象说明市场并不是有效的，价格机制也存在问题；因此，采用已有量化研究模型去完善定价决策可能并不有效，本书尝试用定性解释学研究方法去剖析钢厂的定价决策问题，以期获取价格问题的原因以及潜伏的定价机制和渠道冲突问题。

第三章 钢铁产品定价机制的研究设计

钢铁产品是国民经济的"黑色粮食",钢铁工业是国家经济的基础,加强对钢铁产品定价机制的研究,有利于钢铁价格的持续稳定和钢铁产业的健康运行。同时,钢铁产品的销售价格直接影响钢厂的销量和利润,进而影响其生存和发展,意义重大。最近几年钢铁行业产能相对过剩、价格高频大幅波动、价格"倒挂"问题频发、钢铁企业处于微利甚至亏损成为常态。在这种状况下,钢厂的定价决策成为影响企业命运的首要问题,同时也是完善钢铁市场定价机制的关键环节。

定价决策理论分析的起点是市场结构(Lee,1994),国内的钢铁定价相关研究也是基于特定的市场结构和行业特征展开的(杨锡鉴和王秀新,2002;田志龙等,2005)。因此,本章在分析我国钢铁定价机制演变历程和市场结构的基础上,构筑新形势下钢铁企业战略导向的定价流程,将钢铁产品市场价和出厂价纳入同一框架下进行系统分析。

第一节 中国钢铁工业的演变历程

一、中国钢铁工业的特征及发展阶段

(一) 中国钢铁工业的特征

钢铁工业是国家的基础重工业部门,素有"工业脊梁"和"社会骨骼"之称(倪中新等,2016),属于产业链的中间环节,与上下游关联度高。因此,钢铁工业的健康发展能带动其他相关产业的和谐发展。钢铁产业链的运动循环过程

也是资金流、信息流、物流等有机结合的过程，钢铁产业链的运行过程直接影响到钢铁产业的竞争状态和企业效率（罗非，2009），另外，钢铁产品本身的运输和储存较不便利，不仅运输成本高昂而且需要占用较大的仓库存储，物流在钢铁产品的营销过程中占据重要的地位，物流成本的控制对企业的销售范围、销售额及利润具有重大的影响。我国的实际情况是物流成本占比高，达到了整个产业链支出的20%，而发达国家的占比只有8%~10%。因此，我国的钢铁交易市场是一个全国分散的市场，几乎各个地市都存在规模不等的集中贸易市场，例如，北京、天津、沈阳、上海、南京、济南、郑州、武汉、广州、南宁、成都、昆明和西安等城市的钢铁贸易市场就是典型代表。另外，中国的钢铁产业根据全国钢厂的分布情况，分成具有一定独立性的东北、华北、西北、华东、华中、华南和西南几大板块。

（二）中国钢铁工业发展阶段

中国钢铁产业历史悠久，最早可以追溯到1890年兴办汉阳铁厂，1900年生铁产量2.6吨。20世纪前期，建立鞍山昭和制钢所。1949年，中国的钢铁产量仅占全球钢产量的0.1%，粗钢产量名列全世界26位。新中国成立后，中国的钢铁逐步发展，经历了大炼钢铁运动，开始改进技术、调整结构，产量得到迅速提升，1996年，中国的钢铁产量突破1亿吨，跃居世界第一（如表3-1所示）。

表3-1　中国钢铁工业发展阶段（2000年前）

时间节点	产量及其他典型事实
1890 年	兴办汉阳铁厂
1900 年	粗钢的年产量为 15.8 万吨，生铁的年产量为 25 万吨
1917 年	建立鞍山昭和制钢所
1949 年	粗钢的年产量为 15.8 万吨
1950 年	恢复生产
1952 年	出台《集中全国力量，首先建设鞍钢》
1953 年	第一个五年计划：鞍山扩建、武钢新建
1959 年	曲解"超英赶美"，钢铁业在"以钢为纲"和大炼钢铁运动的影响下得到高速发展，钢产量大幅攀升，超过了 800 万吨
1961 年	开始自主研发冶金技术
1978 年	钢产量达到 3178 万吨，位居世界第五，占比达到 4.42%
1979 年	老企业开始改造，以宝山钢铁公司为代表的当代先进技术设备相继建立

续表

时间节点	产量及其他典型事实
1990 年	粗钢产量达到 6535 万吨，占世界钢产量 8.48%
1991 年	钢铁工业开始调整优化结构
1996 年	钢铁产量首次超过 1 亿吨，跃居世界第一
1998 年	全年粗钢产量达到 1.16 亿吨

资料来源：笔者自行整理所得。

中国的钢铁工业在新中国成立以后经历了跌宕起伏的发展，产量总体上持续上升，但增长率却波动很大（见图 3-1）。改革开放后至 20 世纪末，钢铁工业的发展相对平缓起来。20 世纪末 21 世纪初，在利润的驱使下，大量的钢厂和钢贸商出现并迅速发展起来。进入 21 世纪，钢铁工业在规模继续扩大的基础上，逐步由外延式增长向内涵式发展转变。发展过程呈现阶段性特征，其中，产量变化特征如图 3-2 所示。

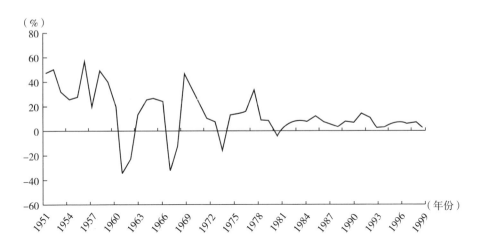

图 3-1　2000 年前中国钢铁产量增长率变化趋势

二、中国钢铁产业政策演变

1998 年 5 月 1 日，《中华人民共和国价格法》正式施行，标志着价格管理开始走上法治的轨道，价格形成的市场化进程从此有了法律保障，为促进经济发展和社会稳定做出制度保障。但由于亚洲金融危机，全球的钢铁市场均呈现低迷态势，对钢铁产品需求的下降延续到国内，导致钢厂订单减少、库存增加，资金短

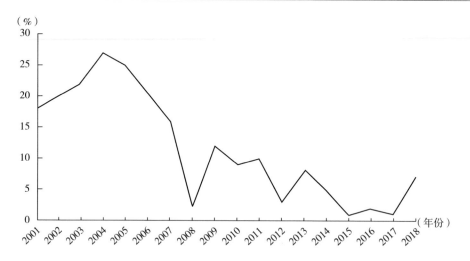

图 3-2 2001~2018 年中国钢铁产量增长率变化趋势

资料来源：国家统计局官网，http://www.starts.gov.cn/。

缺、竞相降价，甚至出现低于成本的倒挂，严重扰乱了钢铁市场的正常秩序。于是国家计委、国家冶金局于 1998 年 9 月 24 日发布了《关于制止低价倾销钢材的不正当竞争行为的暂行规定》；同时成立"反倾销办公室"，定期公布行业平均成本，为钢铁流通领域的正常运行保驾护航。

鉴于钢铁工业在国民经济中的重要地位和钢铁工业市场和价格机制的不完善，国家一直在用各项政策来进行宏观调控。由表 3-2 汇总的主要政策可以看出，产业政策针对的主要问题是钢铁行业的核心问题：产能过剩。随着近几年市场体制的不断完善和经济发展的逐步放缓，环境问题提上日程，2018 年 1 月，有关部门出台了一系列政策，如工信部发布《钢铁行业产能置换实施办法》、国家安监总局发布《关于开展钢铁企业重大生产安全事故隐患排查治理专项行动的通知》、环保部发布《钢铁建设项目重大变动清单（试行）》等，目的就是加快钢铁产业改革，引导钢铁产业走上高效、绿色的可持续道路。

表 3-2 近年来我国钢铁产业主要政策

时间	政策/文件名称	主要内容/说明
2003 年 11 月	《关于制止钢铁行业盲目投资的若干意见》	加强产业政策和规划导向、严格市场准入管理、加强环境监督和执法、加强用地管理、加强和改进信贷管理、认真做好项目的清理工作

时间	政策/文件名称	主要内容/说明
2005 年 7 月	《钢铁产业发展政策》	从项目审批、土地审批、工商登记及环保等环节对钢铁投资进行控制。规定：到 2010 年，钢铁冶炼企业数量较大幅度减少，国内 CR10 的钢铁企业集团钢产量占全国产量比例达 50% 以上，2020 年达 70% 以上
2006 年 6 月	《钢铁工业控制总量淘汰落后加快结构调整的通知》	充分认识钢铁工业产能过剩的严峻形势，抓住机遇，审时度势，明确目标，稳妥调控，采取有力措施，力求控制总量、淘汰落后产品、调整产业结构取得实效
2009 年 3 月	《钢铁产业调整和振兴规划》	提出提高钢材贸易商准入门槛，规范钢材销售制度，建立产销风险共担机制，发挥流通领域对稳定钢材市场的调节功能。保障钢铁产业平稳运行，加快结构调整，推动产业升级
2009 年 9 月	《关于抑制部分行业产能过剩和重复建设引导产业健康发展的若干意见》	关注产能过剩产业的盲目扩张，制止一些地区违法、违规审批，未批先建、边批边建现象；采取措施坚决抑制产能过剩和重复建设势头；既要充分发挥市场机制的作用，又要辅之以必要的调控措施
2010 年 4 月	《国务院关于进一步加强淘汰落后产能工作的通知》	推动产业结构调整和优化升级，推进节能减排，进一步加强淘汰落后产能工作。2011 年底前，淘汰 400 立方米及以下炼铁高炉，淘汰 30 吨及以下炼钢转炉、电炉
2013 年	"一带一路"	倪中新等（2016）利用时变参数向量自回归模型证明了"一带一路"战略有助于保持我国未来钢铁需求稳定增长，有益于化解国内过剩钢铁产能
2015 年 6 月	《钢铁工业转型发展行动计划（2015—2017）》	经过 3 年努力压缩 8000 万吨钢铁产能，缓解产能过剩；建立 2~3 个智能示范工厂，提升行业两化融合水平。同时促进行业兼并重组，钢铁企业数量控制在 300 家左右；企业能耗总量实现零增长，污染物排放总量下降
2016 年 2 月	《国务院关于钢铁行业化解过剩产能实现脱困发展的意见》	从 2016 年开始，用 5 年时间再压减粗钢产能 1 亿~1.5 亿吨，行业兼并重组取得实质性进展，产业结构得到优化，资源利用效率明显提高，产能利用率趋于合理，产品质量和高端产品供给能力显著提升，企业经济效益好转，市场预期明显向好

资料来源：笔者根据公开资料整理所得。

三、中国钢铁产业定价机制变革

(一) 第一阶段：指令性价格

改革开放前，中国钢铁工业属于计划经济体制，实行统配统销政策，定价机制自然是政府分配产量指标并指定产品价格。钢厂只对产量负责，既无经销权亦无定价权。党的十一届三中全会后，钢铁工业的价格改革成为整个钢铁工业改革的关键环节。1979~1984 年，该时期以调整价格为主。1984 年 5 月国务院公布《关于进一步扩大国营工业企业自主权的暂行规定》，明确规定：属于企业自销产品（计划内 2%）及完成国家计划后超产部分，可与用户在国家订价的 20% 幅度内协商来确定交易价；并允许企业实行地方临时价和新产品试销价。据此，钢铁企业有了小部分订单的定价权和管理权。

（二）第二阶段：双轨制价格

1985 年国家放宽对计划外生产资料的控制，价格出现体制内国家调拨价和体制外市场价两种价格并行的格局。统配资源执行国家统一价格，自销部分企业自行定价。由于当时钢铁短缺，统配价格普遍低于企业自销价格，因此社会上出现倒卖统配指标的现象。国家下达的统配计划直接影响到企业的利益。体制外价格的形成是我国钢铁价格市场化形成的雏形。1993 年正式执行《钢铁产品价格放开的改革方案》（以下简称《改革方案》），93% 的钢铁价格全部放开。在社会主义市场经济理论指导下，调放结合、以放为主的价格双轨制向前推进，价格主体逐步转移到市场和企业，市场价格机制开始萌芽。

（三）第三阶段：市场化价格

市场化价格可细分为不充分市场化和完全市场化这两个阶段（吴晓东，2010）。2000 年以前由于我国钢铁市场的供需机制和竞争机制均不成熟，这一阶段的价格不是严格意义上的市场化价格。但我国市场经济体制的确立为中国钢铁工业实现跨越式发展提供了制度保障。2000 年后随着钢铁市场化的不断深入，市场竞争越来越激烈，钢铁价格在完全自由竞争中形成了市场化的竞争机制。企业定价主体逐步成为掌握定价决策权的主体力量。

对比以上三个阶段，计划经济体制下的钢铁工业由国家集中组织生产、计划分配、统一定价，价格管得既严又死，既与不断变化的成本脱节，又不反映供求关系的变化，导致不少产品价格关系扭曲，比价不合理，对调动生产企业的积极性非常不利。1993 年《改革方案》后的钢铁价格逐步放开，但由于钢铁产业属于关系国计民生的资本密集型传统行业，其市场化改革的进程较一般产业要滞后且呈现渐进式特征；因此，即使在市场体制下，政府依然通过产业政策等间接形式保留了大量干预权力，目的是保持一些大型国有企业在该行业中的“较强影响力”（范林凯等，2015）。“宏观经济调控下主要由市场形成价格的机制”折射出市场经济体制下，以经营者正当行使定价权为主、辅之以政府干预行使定价权的制衡逻辑。

第二节   钢铁产业的绩效及企业战略定价流程设计

一、中国钢铁产业的绩效

钢铁工业是支柱产业，但钢铁近十年来盈利水平处于低位波动，由图 3-3 可以看出：自 2009 年以来，我国钢铁行业的销售收入净利润率、资产收益率、净资产收益率等指标都较低且波动较大；2015 年均处于负值，资产收益率-10%，而净资产收益率竟然到了-20%的谷底。

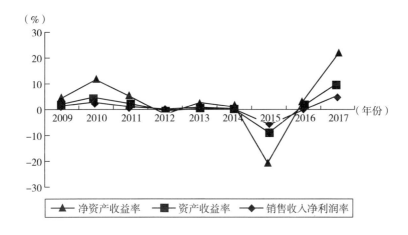

图 3-3   中国历年钢铁上市公司盈利能力变化趋势

资料来源：中国钢铁企业年鉴（2018）。

价格行为是企业组织行为的核心，而价格直接影响甚至决定企业收益和绩效。中国的钢铁工业面临新形势，竞争激烈、利润微薄、绩效低下。这跟钢铁产业的价格异常现象、企业定价决策有什么关系？20 世纪 50 年代，哈佛大学的梅森和张伯伦分析验证了"市场以及产业结构决定了企业的行为和绩效[①]"这一假

---

① 对于行业绩效的研究，哈佛学派的梅森和贝恩提出的结构—行为—绩效（Structure-Conduct-Performance，SCP）范式是一种持久流行的分析范式；该范式认为产业的市场结构决定产业市场中的竞争程度和产业内的企业行为及其战略，并最终决定企业的绩效。

设（Corley，1990）。自此之后，大量分析企业定价行为的研究纷纷从分析企业所处产业的市场结构开始。本书借助 SCP 框架从市场结构出发，对钢铁企业定价行为进行分析。

二、中国钢铁行业的市场结构

行业市场结构是指在某一行业中企业在数量、市场份额、规模上的关系以及由此决定的行业内部竞争和价格形成的市场组织特征（叶耿介，2007）；它反映行业内所有的交易主体之间的交易关系和地位，反映市场竞争与垄断程度。市场结构的影响因素有三个：市场集中度（又称产业集中度）、产品差异化程度和市场进入壁垒（田志龙等，2005）；其中市场集中度为主要因素，最常用的衡量指标是绝对集中度，国内外学术界通用的分类标准为贝恩的美国市场结构类型划分标准（见表 3-3）。产品差异化是由产品在质量、性能、服务等方面的不同带来的表征产品间替代性程度的指标。替代性是产品/企业竞争的基本前提，市场集中度和产品差异化衡量的是产业内现在的竞争状态。进入壁垒是通过对产业外沿的影响来影响行业潜在竞争强度。有学者用 SCP 框架分析钢铁工业的市场集中度与钢铁产品价格之间的关联关系，得到结论：价格波动率与市场集中度的对数之间存在显著的线性负相关关系（梁欣和左相国，2007）。

表 3-3　贝恩对美国市场结构类型的划分

市场结构　　　　　　集中度	CR4（%）	CR8（%）
极高度寡占Ⅰ型	85≤CR4	—
高度寡占型	75≤CR4<85	或 85<CR8
中（上）集中寡占型	50≤CR4<75	75≤CR8<85
中（下）集中寡占型	35≤CR4<50	45≤CR8<75
低集中度寡占型	30≤CR4<35	或 40≤CR8<45
竞争型	CR4<30	或 CR8<40

资料来源：［美］J. S. 贝恩. 产业组织，丸善，1981：141-148.

（一）全球市场产业集中度

综观世界钢铁工业一百多年的发展历史，每次经济危机，钢铁产业势必首当其冲受到影响，但每次钢铁工业均能通过深化改革获得新生；其中决定性的关键因素有两个：一是通过技术升级推动产业升级，二是并购重组提高产业集中度。所以，从某种意义上来讲，世界钢铁工业的发展史就是钢铁产能向大集团公司集中的竞争史。全球范围内的发达国家（如美国、日本、欧盟等）的国内钢铁产业集中度均大于 60%。从 2015 年的数据来看，美国的 CR4 达到了 83.3%，欧盟的 CR8 为 64.9%。一些国家和地区一家企业占有 50%~60% 甚至更高的市场份额，基本上拥有对所在交易市场的控制权，介于完全垄断与寡头垄断之间；这种类型以韩国、我国台湾地区为代表。还有一些国家，少数几家技术、管理水平和盈利能力都势均力敌的大企业共同占有 60%~70% 乃至更高的市场份额，属于寡头垄断与垄断竞争混合类型；这种类型以日本为代表。

（二）中国钢铁行业的市场结构

1. 市场集中度

钢铁行业本身的特点决定其具有规模经济效应，产业市场集中度低必然导致资源的重复配置以及整体行业的经济效率低下，在国际上的话语权就容易处于弱势地位。中国的现实情况是：从 1996 年至今我国的钢铁产量一直是世界首位，但产业集中度持续走低。由图 3-4 可以看出近几年的 CR4 钢铁企业的产业集中度一直在 20%~25% 徘徊，CR10 钢铁企业的产量占全国产量的比重从 2011 年的不到 50% 逐渐下滑，从 2013 年开始一直低于 40%。

市场集中度表征产业结构优化程度和变化趋势，也是钢铁行业正常运转的判断标准之一，在很大程度上能反映行业是否具有稳定性和竞争力；因此加快钢铁行业的并购重组，提高产业集中度，加速钢铁产业结构升级势在必行。针对我国钢铁行业产业集中度低的现状，2016 年 9 月，国务院发布《关于推进钢铁产业兼并重组处置僵尸企业的指导意见》指出：到 2025 年，中国钢铁产业前十大企业产能集中度将达 60%~70%，其中包括 8000 万吨级的钢铁集团 3~4 家、4000 万吨级的钢铁集团 6~8 家，与部分专业化的钢铁集团。2017 年我国钢铁产业的 CR10 为 37%，与《钢铁行业工业调整升级规划（2016~2020 年）》提出的 2020 年的 CR10 达到 60% 差距很大。

2. 产品差异化

目前国内的所有钢厂都能生产技术含量低的普通产品，且质量差距不大；但根据访谈了解到，技术含量高的汽车板材、造船用钢等产品，依然是只能宝钢等品牌钢厂占绝对优势。

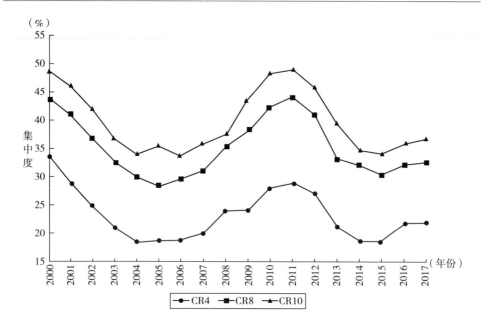

图 3-4   2000~2017 年我国钢铁产业市场集中度变化趋势

资料来源：笔者根据行业网站公开数据整理得到。

3. 进入壁垒

自我国钢铁行业出现产能过剩以来，中国钢铁产业就加快了结构调整和兼并重组的步伐（见表 3-2），国家频频出台政策来限制新企业的进入和新产能的建设，外加环保政策趋紧，因此，跟 21 世纪初以内需拉动和"四万亿"计划为代表的阶段不同，近年来中国钢铁产业的进入壁垒不断提高。

4. 中国钢铁行业的市场结构

按照表 3-3 贝恩的美国市场结构划分标准，理论上中国的钢铁行业属于竞争型市场。但中国钢铁行业具有规模巨大、市场面积大、地区差异大、市场相对分离的特点，因此，用全国的数据分析并不能真实反映行业市场实际状态。以河北省（世界钢铁第一大省，产量占全国产量达到 1/4）为例：2015 年河北省钢铁产业集中度 CR4 为 42.06%，CR8 为 54.28%。钢铁市场的实际竞争状态亦是如此：部分大型钢铁企业由于其企业性质、技术水平、地域优势、传统惯性等原因，使钢厂在当地的钢铁市场中具有一定的话语权[①]，因此，从实践来看，我国钢铁行

[①] 根据后面的深度访谈得知。

业介于完全竞争与低集中度的寡占之间（2005 年田志龙等学者分析发现：我国钢铁业处于低集中度的寡占状态）。

三、构筑钢铁企业战略导向的定价决策流程框架

钢铁产品属于工业基础材料，钢铁产品的买方多是基建、房产、汽车、家电、轮船等企业；对于钢厂而言，客户还包括钢贸商。因此，钢铁产品的交易属于 B2B 营销关系。B2B 是组织分工外化的形式，多个企业组织网络运作的基础在于成员之间的"替代性活动"和"互补性活动"（Subirana et al.，2003）。商业买家通常需要在给定的购买场合做出几个相互关联的决定（Zhang et al.，2014），属于策略性顾客，因此，B2B 市场上的交易比 B2C 市场的交易更复杂。随着竞争的加剧，定价对于企业而言已经不只是营销环节的一种策略或方法，而且是企业财务战略和竞争战略的一个重要组成部分，同时也是企业总体战略各部分关联的纽带，这就是"战略定价"思维（Andreasen & Kotler，2008）。

从市场营销学视角来看，所有企业行为的核心均为定价决策。营销价格的确定需要定价流程来保障，确保按照定价流程制定的最优价格不是依赖于价格制定者。新形势下的钢铁企业需要将定价决策提升到战略层次，但传统的定价流程不能满足战略定价和策略性购买者的需求，因此，本书结合钢铁行业所处的新形势，构筑战略导向定价流程框架，来提高定价决策的科学性和合理性。

（一）钢铁产品的策略性购买者与传统定价流程的冲突

1. 传统直线式定价流程

Kotler（1999）在考虑了企业定价目标、竞争对手状况等多种影响因素后，提出一种从选择定价目标开始，包括确定需求、估计成本、分析竞争对手、选择方法和确定价格在内的，直线式的六步骤定价流程（如图 3-5 所示）。

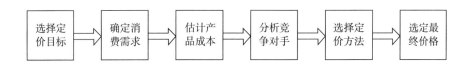

图 3-5　传统直线式定价流程

来源：[美] 菲利普·科特勒．营销管理——分析、计划、执行和控制 [M]．梅汝和，梅清豪，张桁译．上海：上海人民出版社，1999.

直线式定价流程展示了价格决策的基本步骤，在定价决策中考虑了产品成本和竞争对手的情况。但结合目前钢铁企业所处的新形势，不难发现如果将该定价流程直接套用到钢厂的定价决策中会存在五个方面不足：①该定价流程缺少对钢铁定价环境的分析，容易导致钢厂选定的最终价格脱离钢铁产品的市场价格。以本书研究的价格"倒挂"异常现象为突出表现。②该流程尚未体现针对不同客户和地区市场的价格差异性，难以适应目前钢铁行业销售不畅、竞争激烈但销售市场相对分离的现状。③选定合适的价格是为了实现交易，也就是执行价格；该流程没有将价格的执行以及调整包含在内，表现为定价决策体系的不完整性。④该流程为直线式而不是闭环式，很难与目前动态的竞争环境相适应。⑤该流程未能将钢贸商和消费者考虑在内，会影响渠道管理和定价方法/定价策略的选择。与钢贸商的非合作，容易引起渠道冲突；对消费者考虑的欠缺，难以制定出利于交易实现的产品价格。

2. 钢铁产品的策略性购买者

钢铁产品的消费者是以钢铁产品为原料的建筑、造船等下游企业。区别于一般的消费者，钢铁产品的消费者都是策略性购买者，具有以下六个特点：①刚性需求。钢铁产品的消费企业是因为有真实的购买需求才选择钢铁产品。②重复购买。钢铁产品的使用是连续不断的，随着生产或工程的推进，绝大多数情况下用户必然需要重复购买。③交货速度是关键。钢铁产品作为下游消费企业的生产资料，其供货速度的快慢直接关系到企业生产计划的安排，同时，钢铁产品买卖合同的签订到最后履行往往要经历排产、运输等中间环节，合同的签订与履行之间存在着时滞，因此，购买者最关心交货期。④购买者是理性的。由于是长期连续的消费行为，且价格构成购买者的成本进而影响其盈利水平，因此对钢铁的购买行为比普通消费品的购买行为更加理智成熟。⑤购买是多步骤的、复杂的过程。包括选型、认证、订货、运输、验收、使用、技术支持服务等步骤，过程复杂、技术性强。⑥购买行为所受的影响因素较多。钢铁的购买要受生产、技术、财务、设备等因素的影响。购买人员的作用不可低估。尽管具体的采购人员代表着企业的利益，但如果购买过程有损其个人尊严、名誉或利益时，采购行为会受到很大的影响。分析可知，与B2C的交易相比，钢铁产品的B2B交易要复杂得多。

综上分析可得以下三点结论：①从经济背景来讲，通过对钢铁产业的演变历程以及产业绩效等状况分析可知，中国的钢铁行业处于产能过剩、竞争激烈且获利水平低位的新形势；②从宏观政策来看，中国钢铁产业政策导向是通过提高钢铁产业集中度，来改善产业结构，促进产业升级，提高钢铁产业在世界市场上的话语权；③从需求视角分析，钢铁产品的最终消费者是有刚性需求而重复购买的策略性消费者。以上因素迫使钢铁企业完善营销渠道，改善钢铁企业定价策略，必须将企业的定价问题视为战略性决策问题，才能在激烈竞争中生存并发展。

（二）定价战略与战略导向定价流程设计

1. 定价属于企业战略性决策

随着市场经济的不断完善和竞争不断加剧，越来越多的学者认为应该将定价作为企业战略性的决策，主流观点有三种：①具有战略意义的价格是企业创造或者维持竞争优势的方法，例如，通过价格来维持市场的稳定性等（Nagle & Holden，1994）；②战略性导向的定价理念强调了客户在定价中的地位（Forbis & Mehta，1981）；③区别对待细分市场的定价模式，即基于不同的客户制定不同的价格，特别是对相同的产品或服务，根据它们支付的不同意愿来定价，也就是价格歧视的经济理论（Day et al.，1992）。

在新竞争环境下，定价属于企业战略性决策，科学合理的价格应该由企业的定价决策系统来保障。企业定价决策系统一般包括三个层次（吕彦儒和周颖，2006）：

第一层次分析定价环境。在制定企业的定价战略之前，需要深入理解企业所处的经济和竞争环境。只有对定价环境进行深入探究，才能熟悉产业竞争状况、定价机制以及产品价格的影响因素等。在定价环境研究中，企业可以采用市场调查法、深度访谈法、实验法和统计与模型方法等调研技术，对价格敏感性和价格反应等定价决策变量进行深入的研究。

第二层次确定定价战略。针对具体的定价环境，企业设计产品和市场的定价战略。重要的是将定价战略纳入整体营销战略之中。

第三层次构筑战略定价决策流程。它是在定价战略下有效地设计、运行和管理定价过程。这一层次的工作重心是要求企业定价管理部门协调跨部门和职能单位的定价，建立定价战术，安排反馈和控制。

2. 钢铁企业战略导向定价决策流程设计

对比直线式定价流程的不足和对定价决策的战略性定位，本书结合钢铁价格已有研究和钢铁企业定价决策实践，参考 Scherer 和 Ross（1977）的战略定价理念以及田志龙和衣光喜（2004）提出的战略视角下的企业定价流程，构筑了新形势下钢铁企业战略导向定价决策流程框架（如图 3-6 所示）。

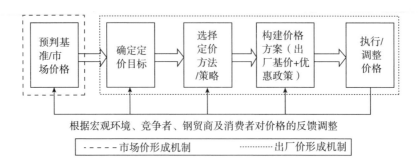

图 3-6　钢铁企业战略导向定价决策流程

钢铁企业战略导向定价决策流程将市场价的预测和出厂价的决策纳入同一框架下进行系统分析。该决策流程包含五个主要步骤，呈现周而复始的循环状态。单循环的首要环节便是对钢铁产品市场价的预判，然后是定价目标的确定和定价方法/策略的选择，接下来便是定价决策的成果文件——价格方案的构建，价格方案包括出厂基价的确定和优惠方案的设定。随着市场体制不断完善，预测的市场价格成为出厂基价的重要参考价格。优惠方案是促销策略在定价决策中的体现，或者说是促销策略和价格策略的融合；单循环定价决策的最后一个环节便是价格的执行与调整。单循环的第一个环节展现市场价形成机制；而从定价目标的制定到最后的价格执行和调整的四个环节可体现出厂价形成机制。狭义的价格调整是对出厂基价的调整；广义的价格调整是根据宏观环境、竞争者、钢贸商以及客户的反馈进行的整个定价流程各个环节的调整。

对比发现，战略导向定价决策流程克服了直线式定价流程的不足。将经济和竞争环境分析的核心问题——市场价格趋势的预判作为战略定价决策流程的首要环节，并将其作为钢厂规范定价决策流程、提高定价决策效率、完善钢铁定价机制的基本功。中国的钢铁产品市场是市场化的贸易市场。产品的价格应该体现整个行业的平均劳动生产率和行业的平均成本水平，因此，战略导向定价决策流程并不是不考虑产品成本，而是将其包含在市场价的预判中体现。经济环境和竞争者对定价决策的影响不再局限于定价决策流程的某个具体环节，而是与消费者/客户、钢贸商等一起作为作用于定价决策流程的每个环节，根据经济环境和消费者、钢贸商等的反馈对价格进行价格调整，体现定价决策对环境变化的适应性和动态性。

第三节 本章小结

自 1993 年开始，中国钢铁价格定价机制由双轨制向市场机制转变。钢铁工业的重资产等特点及其在国民经济中的重要地位，决定钢铁产业的价格改革相对滞后，呈现渐变式特点。因此，钢铁工业在理论上属于完全竞争市场；但从实践来看，在钢铁产品出厂价方面存在某些品牌厂商为主导，其他钢厂属于跟随的现象，且已经开始向期货定价转变。分析发现：目前在钢铁行业存在的产能过剩、价格波动异常、价格"倒挂"等问题构成的行业新形势下，用传统的直线式定价流程来确定产品的出厂价已经不合时宜，钢厂应该将定价决策提到战略高度，因此，本章构筑了新形势下钢铁企业战略导向定价决策流程框架。

战略导向的定价决策流程框架是在分析中国钢铁产业发展历程及定价机制演变历史的基础上提出的。具体包括预测市场价、确定定价目标、选择定价方法和策略、构筑价格方案（出厂基准价和优惠政策）以及价格的执行与调整五个主要的步骤。与传统直线式定价流程对比发现，将对钢铁产品市场价的预判放在定价流程的首要环节，并将其视为战略导向定价决策的基本功，对钢铁产品市场价的预测将直接影响到接下来钢铁出厂价决策的有效性。对经济环境变化趋势的判断是否科学、准确，直接影响到战略定价流程的后续工作及结果的准确性、科学性和有效性。预测的市场价格是价格方案中出厂基准价的主要参考点。如果能够合理地分析经济形势、科学地把握各影响因素对市场价的影响、准确地预判市场价格的变化趋势，那么钢厂就能制定出更加符合市场行情的出厂价，减少价格"倒挂"，规避渠道冲突，合理地安排生产，提高市场占有率，使企业在竞争激烈、行业低迷的新形势下立于不败之地。

由于市场价的形成机制与出厂价的形成机制不同，因此对两者的分析分别构成了本书的第四章和第五章。

第四章 钢铁产品市场价格
形成机制实证分析

螺纹钢被广泛用于房屋、桥梁、道路等土建工程建设。从高速公路、铁路、桥梁、涵洞、隧道、防洪、水坝等公用设施，到房屋建筑的基础、梁、柱、墙、板，螺纹钢都是最基本又必需的结构材料。螺纹钢是我国产量和国际市场影响力最大的品类。多年来螺纹钢国内需求旺盛，同时我国也是全球最大的螺纹钢出口国。

本章以螺纹钢为代表，采用向量自回归 VAR 模型和线性回归方法，识别钢铁市场价格波动的显著性影响因素，分析我国钢铁产品市场价格的形成机制，以期剖析出钢铁价格异常波动的可能原因，同时为本书研究的钢铁价格"倒挂"问题和钢厂的出厂价定价决策进行经济背景分析。

第一节 钢铁价格的影响因素分析

一、成本因素

成本是指企业为实现生产和发展的目标所付出的一切代价，是为了进行经济活动而有所失，即为耗用、交换、生产等牺牲或放弃的东西①。钢铁产品的生产成本是指生产厂商为生产钢铁产品而投入的铁矿石、焦炭煤炭等生产材料的成本以及生产过程中投入的直接人工、间接材料等方面的支出。原料成本约占到生产成本的50%，燃料成本约占总成本的15%，人工成本约占8%，其他费用约占

---

① 来自 1978 年美国财务会计准则委员会的《企业编制财务报告的目的》。

27%。由于我国的铁矿石资源品位低，开采成本高，进口铁矿石成为解决相关问题的重要途径（尹华和储欣，2017）。2012 年，我国铁矿石进口量达到世界贸易量的 65.5%，2017 年我国铁矿石对外依存度达到 87%。铁矿石行业在全球范围内属于垄断市场，铁矿石的定价权主要控制在国外三大铁矿石公司①手中。另外，海运价在铁矿石到岸价中占有一定的比例（10%～20%）。因此，有时会把铁矿石价格作为钢铁市场现货市场的风向标。

钢铁产品高占比的生产成本，成为钢铁价格的支撑力量（曲红涛等，2014）。营销企业对钢铁产品预测或制定价格时，成本是必不可少的考虑因素之一。以铁矿石为主的原材料价格水平的变动会直接推动钢铁价格水平的变动。企业需要付出的除生产成本之外的代价，从财务视角来看，还有期间费用，具体包括财务费用、销售费用和管理费用；从营销渠道选择视角来看，是交易成本。交易成本被认为是企业重点关注的四大成本源之一（吴海民，2013）；交易成本上升会迫使营销企业寻求新的内部沟通方式和外部价值传递形式，交易成本下降为企业边界延伸和电商平台搭建提供无限可能（崔晓明等，2014）。理想的销售渠道能够降低生产商与终端用户的交易成本（赵昌旭，2004）。如前所述，钢铁产品的出厂价加上交易成本构成市场价格，因此，随着竞争的加剧，钢厂在尽力降低钢铁流通领域的交易成本。

二、供需因素

（一）钢铁行业的供给

1. 产量

自改革开放以来，中国钢铁产业得到飞度发展，产量急剧增加（见图 4-1）。我国的钢铁行业总体上处于供给十分充足、产品同质化严重，但区域产能分布不均的状态。产能利用率衡量的是生产设备的实际产量占设计产能的比例，即设备的实际使用效率。钢厂的产能利用率是衡量钢铁行业供给和钢厂心态的最直接指标。主要原因是钢铁生产属于大量重型设备，固定资产折旧惊人，导致钢厂的产能利用率具有较大惯性。由于前期的产能累积，使产能严重过剩，2011 年以后至 2017 年末，钢铁价格持续下跌。

---

①　澳大利亚必和必拓公司、澳大利亚力拓集团和巴西淡水河谷公司三大铁矿石供应商占世界铁矿石 70% 以上的海运量。

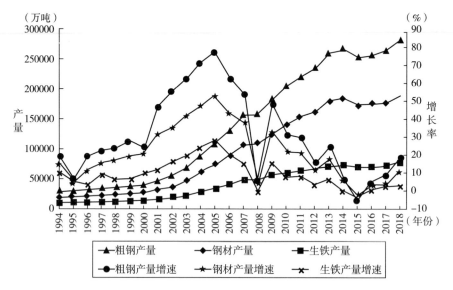

图 4-1 1994~2018 年我国钢铁产品产量及增速变化趋势

资料来源：中经网产业数据库。

2. 社会库存量

钢铁行业的整体库存有三部分：钢厂自身的库存、国内重点城市的钢铁市场库存和钢铁下游众多用户自身的库存。钢厂自身的库存属于商业机密，数据较难通过公开渠道获取。由于下游用户的库存数量众多、分布广泛，数据较难统计。因此，一般会参考各个城市钢铁市场的库存（称为社会库存量）。社会库存量主要体现在各地钢铁市场主要参与者——钢贸商的库存状态，而钢贸商是国内钢铁市场中对行业供需变动最敏感、销售价格最市场化、最专业的投资/投机群体。此外，钢贸商还承担着"市场中介"的作用，对上游钢厂来讲，属于社会需求方；对下游用户来说，属于社会供给方。因此，贸易商的库存变化能够最直接的影响钢铁产品即期市场的价格，类似于钢厂库存的延伸，属于社会供给中重要的组成部分。库存是市场心态转空的焦点，库存的变化会影响钢铁相关利益者的预期，影响他们买或卖的操作，最后通过产生的"（卖）供（买）需"来影响价格。

3. 进口

进口是满足国内钢铁需求的一个供给来源，通过影响钢铁供给总量进而影响钢铁价格。长期以来，我国一直保持较高的钢铁进口规模。1993 年全国钢铁进口量曾经达到 3000 余万吨，占当时国内产量的 40%。"十五"期间，我国每年都保持 2000 万吨以上的进口规模。尤其是 2003 年，进口钢铁高达 3700 多万吨。但随着中国钢铁产能的急速增长，中国经济增速放缓，需求持续低迷，近年来中国的钢铁进口规模一直处于低于 2000 万吨的水平，维持平稳状态。

（二）钢铁行业的需求

钢铁行业是国民经济的基础性行业，具有较高的产业关联度，下游需求产业主要有机械工业、汽车制造业、建筑业、交通运输业等（林在进，2009）。需求主要受到房地产、铁路运输业等固定资产投资以及机械制造企业需求的影响，其中固定资产投资对钢铁消费的拉动作用非常大。从钢铁产品的消费流向来看，目前钢铁产量中近 60% 被用于建筑（房地产和基建）。除了国内需求外，出口是需求的一个方面，我国钢铁产品的出口比例一直维持在 5% ~ 10%，但存在同质化恶性竞争严重、贸易摩擦不断加剧的问题。

（三）典型事实：钢铁行业的供需矛盾

经典的经济学理论认为，供需矛盾是决定价格水平进而导致价格波动的主要因素（郭尧琦等，2012）。目前我国钢铁产业在数量上、区域上和品种结构上均存在供需矛盾。在数量上，我国钢铁产能明显过剩，已成为当前供给侧改革最大的"痼疾"（张卓元，2016）。我国的产能过剩原因有三个：周期性产能过剩、经济结构失衡导致不同行业出现长期性产能过剩和中国政府主导型增长模式①导致体制性产能过剩（倪中新等，2016）。高铁梅（2004）研究表明：钢铁行业的下游行业所受的外部冲击均会经市场传递给钢铁行业，给钢铁行业带来同向的影响，而且这种影响具有持续性。在区域上，存在着钢铁产品产地和需求地的不匹配。在品种结构上，存在螺纹钢等主流普通钢铁的过剩和汽车用钢等高端钢铁产品相对不足的问题。

（四）供需对价格的调节效应

目前我国钢铁行业是市场化定价机制，供给的变动会通过市场这只"看不见的手"对价格进行调节。同样，如果钢价下行趋势明显，那么钢厂就会采取检修、减产等措施，相应减少对市场的资源供给，希望有效缓解钢铁市场供大于求的矛盾，俗称"减产保价"。所以，供给和价格的变动是相互的双向变动。从中长期来看，钢铁行业的供给状况逐步改善，在总量过剩的情况下，供给因素中的钢厂产能利用率和社会库存量影响会带来钢铁产品价格的短期波动（王雅兰，

---

① 由于钢铁工业是经济支柱产业，地方政府"不遗余力"地扶持当地钢铁企业的发展。

2012）。钢铁行业的重资产和生产周期较长等特点，决定了供给对价格的调节会存在滞后性。因此，钢厂的产能利用率不仅成为行业供给的先行指标，更是衡量钢厂经营者对未来信心指数的先行指标，对钢铁市场的价格具有极强的影响力。

经济学告诉我们，需求因素对钢铁价格的影响是与供给因素对钢铁价格的影响机理相同、方向相反的。在市场经济体制下，供需的综合调节效应就是供给因素调节效应和需求因素调节效应的累积，或者理解为影响钢铁市场价格的主导力量是供给和需求的相对关系。因此，可将供给和需求合并，例如，可用钢材的表观消费量①来表征供需关系。当钢铁供不应求时，钢铁市场处于卖方市场，价格看涨；反之亦然。供需关系的变化是决定市场价格走势的最根本因素。

三、环境因素

企业处于经济体系当中，其所处的市场环境必然会对企业的定价产生影响。Lalonde 等（2009）研究发现，亚洲新兴经济体的经济状况对大宗商品价格影响较大；韩立岩和尹力博（2012）利用增强型向量自回归（FVAR）模型研究大宗商品价格的显著性影响因素，结果显示：长期来看实体经济因素是大宗商品价格上涨的主要动力。钢铁产品属于大宗商品的代表，可以认为经济因素对钢铁价格会有显著性影响，本章后续部分会对此做实证分析。

（一）金融因素

金融因素对价格的影响机理复杂且存在时滞，表现为价格的刚性/黏性。费雪于1951年从"利率—物价"的视角率先提出"滞后效应"理论。在经济运行系统中，时滞现象是普遍存在的。时滞往往源于经济变量本身的惯性（苗杨等，2015）。汇率和期货是金融因素的代表。

1. 汇率

随着改革开放和经济全球化的不断深入，国际金融环境给钢铁价格变动带来冲击，以汇率为代表。汇率对钢铁价格的影响不仅有直接传导机制，也有间接扩张效应。主要体现在以下两个方面：①直接扩张效应。由于我国钢铁生产原材料铁矿石对外依存度高，价款和远洋运费均采用美元结算，因此，人民币兑美元汇率的变动将直接影响到钢铁产品的生产成本。②间接扩张效应。如果人民币升值，所有亚洲货币也会有较大幅度升值，势必导致以美元为计价单位的国际铁矿

---

① 钢材的表观消费量=钢材生产量+钢材进口量−钢材出口量。

石、炼焦煤等产品价格大幅上涨，还会导致更多"热钱"[①] 流入相关大宗商品领域避险，可能进一步推高国际市场钢铁和原材料价格；如果人民币贬值，机理相同，那么变动反向。根据滞后效应原理，汇率对钢铁价格的影响同样存在时滞。

2. 期货

钢铁产品具有金融属性，主要体现在三个层面：①钢价波动对汇率变化的敏感性；②钢铁定价权部分在期货市场；③钢铁期货的投机性。随着期货市场的发展和不断完善，其价格发现功能也逐渐体现出来。对钢铁价格的研究有许多是针对期货价格的价格发现功能、期货价格与现货价格的互动视角分析（参见第二章第三节）；与钢铁现货相比，钢铁期货金融属性更强，因此，预期在价格中的作用更大，对价格有一定调整作用。

（二）经济状况

经济发展状况是钢铁供求的根本；钢铁行业的发展必须与国家经济增长相协调。如果不以国家宏观经济发展的水平为参照，孤立地发展钢铁工业，将会带来供需失衡的隐患。宏观经济对钢铁价格的影响主要有三种途径：①影响钢铁产品的生产成本，这是钢价变动的基础因素；②影响钢铁产品的供求变动，这是影响钢价变动的关键因素；③影响钢铁产品市场体系的变化，有缺陷的市场体系可能会放大供求关系的失衡，造成价格的大起大落（李丽华和王欣，2014）。因此，一般来讲，宏观经济因素是通过影响钢铁供需关系来对钢铁价格产生调整效应的。

（三）参考价格

参考价格是指消费者进行价格判断时所使用的参考点（Kalyanaram & Winer，1995）。2002 年诺贝尔经济学奖获得者 Tversky 和 Kahneman（1979）提出的"展望理论"（Prospect Theory）认为，行为决策过程的信息收集处理和选择决策阶段，存在"参考点/参考价格依赖"，参考点是表征信息、形成"收益"或"损失"框架及做出决策的重要依据。参考价格可以是最初的价格、参与者的保留价格（即离场价格）或参与者的目标价（Fu et al.，2017）。近年来，诸多研究探讨参考价格如何影响交易的最终价格并分析其重要性（Kwon et al.，2009；Moosmayer et al.，2012，2013；Cao et al.，2015；李荣喜，2006；毕文杰等，2015）。参考价格对企业决策的影响已经被实证研究所证实（Berger & Smith，

---

① 又称为"游资"，是指迅速移向能提供更好回报的任何国家的流动性极高的短期资本，属于投机性短期资金。

1998）。购买者会基于参考点形成参考价格，并在此基础上进一步形成公平感知，进而影响其购买决策（张菊芝，2015）。

（四）因素汇总

综上所述，生产成本是钢铁价格的基本因素，供求关系是钢铁价格的关键因素，而宏观环境因素又是影响钢铁市场供求的根本原因。因此，生产成本对钢铁价格是基本的推动效应，供给和需求因素对钢铁价格是关键的调节效应。而宏观经济变化是通过影响供需关系来对我国钢铁价格波动产生间接效应；虽然是间接影响，但影响不容小觑，对价格波动的贡献度甚至超过基本生产成本因素和关键供需因素的贡献。即宏观经济波动通过影响我国钢铁产品的市场供求，进而对其价格波动产生重要影响。

基于此，在前人研究的基础上，从生产成本、供给、需求、参考价格、环境等视角，对钢铁价格的影响因素进行了深入全面系统的分析，结果汇总如表4-1所示。

表4-1　钢铁价格影响因素汇总

类别	影响因素	指标（单位）	标识符号
生产成本	铁矿石	铁矿石综合指数	MX
		国内铁矿石原矿产量（万吨）	OQ
		铁矿石进口价格（元/吨）	OIP
		进口铁矿石指数	OIX
	焦炭/焦煤	焦炭绝对价格指数	MCX
		煤炭及炼焦出厂价格指数	CX
		工业生产者出厂价格指数—黑色金属矿采选业	MPPI
	其他	钢坯价格（元/吨）	BSP
		废钢价格（元/吨）	SCP
		原材料库存指数	RX
	运费	波罗的海干散货指数 BDI	BDI
		巴西图巴朗—北仑铁矿海运价	TBB
供给	产量	国内粗钢产量（万吨）	CSQ
		国内钢铁产量（万吨）	DSQ
	库存	钢协重点企业钢铁库存（万吨）	KV
		产成品库存指数	VX
		全国主要品种的库存（万吨）	KV2
	进口	钢铁进口量（万吨）	IX

续表

类别	影响因素	指标（单位）	标识符号
需求	销售	钢协重点企业钢铁销售量（万吨）	KSQ
		新订单指数	NOX
	建筑房地	建安工程投资额（亿元）	CII
		房地产建设投资额（亿元）	REI
		房地产投资开发增速（%）	RIG
		房地产新开面积增速（%）	EAG
		固定资产投资额（亿元）	FAI
		城镇固定资产投资增速（%）	AIG
	出口	钢铁出口量（万吨）	EX
		新出口订单数	EXX
参考价格	参考价格	CRU 国际钢铁价格（元/吨）	CRU
		SHFE：螺纹主力：收盘价（元/吨）	FP
环境	金融	美元汇率	USD
		广义货币供应量增速（M2,%）	M2
		人民币新增贷款（亿元）	REBL
	经济	中国钢铁业 PMI	PMI
		黑色金属冶炼和压延加出厂价格指数	SPPI
	技术	钢铁业固定资产增速（%）	SAIG
		重点钢厂新产品产值率（%）	KNPR

第二节 相关模型与数据处理

本书采用多元线性回归与向量自回归 VAR 方法（包括后续的 ECM 等多种工具和方法，以 2009 年 3 月至 2017 年 12 月共计 106 个月的中经网螺纹钢价格指数为因变量，对钢铁价格的影响因素及定价机制进行多维度分析。

一、相关模型

（一）向量自回归模型（VAR）

本书用时间序列分析不同的影响因素对螺纹钢市场价格影响的大小，这属于多元回归（Multiple Regression）。多元回归的影响因素筛选方法主要有主成分回归分析和向量自回归模型（VAR）。通过初步对比分析发现：主成分回归方法效果一般，VAR 分析方法比较适合。VAR 模型由美国计量经济学家克里斯托弗·西姆斯（Christopher Sims）于 1980 年提出并引入到经济管理领域的研究中，而后常被用于相互联系的时间序列系统，研究随机扰动对变量系统的动态冲击，从而解释各种经济冲击对经济变量产生的影响。VAR 是一种用非结构方法建立各变量之间关系的方法，它是 AR 模型的推广；在一定的条件下，多元 MA 和 AR-MA 模型也可转化成 VAR 模型。与传统或经典的计量模型相比，VAR 模型更能动态地反映多变量间的结构关系以及变化规律（王锐和陈倬，2011）。

通常跟 VAR 同时被广泛应用于实证分析经济管理问题的工具还有短期误差修正模型（ECM）。ECM 分析各变量对经济变量短期影响的动态关系。ECM 模型由 Engel 和 Granger 于 1987 年提出，用来解决两个经济变量的短期失衡问题。其基本思想是：如果变量之间存在协整关系，那么表明变量间存在长期均衡关系，而这种长期关系是在短期波动中不断调整实现的。即通过误差修正机制，在一定期间的失衡部门可以在下一期得到纠正。

（二）多元线性回归

VAR 模型有诸多优点，在经济学领域、管理学领域等得到了广泛的应用。但也存在缺少直观的经济学意义和参数估计复杂的缺点。为了弥补这个不足，首先本章对钢铁价格的影响因素进行了多元线性回归（Multivariable Linear Regression Model）。其次继续在 VAR 模型框架下，进行短期修正（ECM）以及后续的脉冲响应分析和方法分解，以期对钢铁市场价的形成机制和显著性影响因素的作用机理进行全面的实证分析。

（三）脉冲响应（IRF）和方差分解（VD）

对螺纹钢价格进行长期影响和短期影响分析后，为了更全面系统地分析各影响因素对因变量的影响，可以在 VAR 模型框架下，用脉冲响应（Impulse Response Function，IRF）和方差分解（Variance Decomposition，VD）检验和完善分析。脉冲响应分析（IRF）是分析一个误差项发生变化时，或者说模型受到某种冲击时对因变量的动态冲击（或者说内生变量的冲击给其他内生变量所带来的影响）的分析方法。方差分解（VD）是由西姆斯于 1980 年提出的另一种描述系统中一个内生变量的冲击给其他内生变量所带来的影响的分析方法，用于变量间的相互影响关系的动态结构分析，也是对冲击的各种不同时间段的时滞分析。

二、变量选择与数据处理

（一）因变量和自变量

本书以中经网螺纹钢价格指数作为因变量，数据时间跨度为自 2009 年 3 月至 2017 年 12 月，共计 106 个月。通过中经网产业数据库、新西本干线、国家统计局、上海钢联等数据库和行业网站搜集数据，筛选出含铁矿石综合指数、铁矿石进口价格、国内铁矿石原矿产量、焦炭绝对价格指数、煤炭及炼焦工业出厂价格指数、BDI 运费、［钢铁协会］重点企业钢铁库存量、国内钢铁产量、［钢铁协会］重点企业钢铁销售量、房地产建设投资额、钢铁出口量、房地产投资开发增速、房地产新开工面积增速、新出口订单指数、钢铁业固定资产投资增速、M2增速、人民币新增贷款、新订单指数、美元汇率、钢铁行业 PMI、国际钢铁价格指数、SHFE 螺纹主力收盘价等 37 个可能的影响因素的衡量指标的相关数据，由于某些指标是日度数据，如 BDI 运费，故将其转化为月度数据，最后得到 37 个变量的 106 个月的共计 3922 个样本数据。

（二）数据处理

由于存在个人主观、数据获取渠道、分析片面等因素，导致原始数据存在缺失值、指标之间存在相关性等问题，因此，本章在数据分析之前，首先采用科学的方法对数据进行处理和筛选。初始的数据处理主要包括缺失值的填补和变量的筛选。采用 R 语言 zoo 包的 na. locf 函数进行缺失值的填补。其次根据相关性标准并结合专家意见，对指标进行筛选。

具体来看，根据已有文献分析在得到的 37 个自变量指标中，部分因素的经济学意义较为接近，存在多重共线性的风险。指标之间高度的相关性会导致模型估计失真、难以估计准确、不稳定等问题。因此，本书根据相关系数的条件（相关系数 corr>0.6 以及与因变量相关系数 corr>0.95 or<0.10）及其经济意义，并咨询相关专家的意见，筛选掉一些变量后，将含有铁矿石综合指数、焦炭绝对价格指数、产成品库存指数等在内的 17 个变量指标构建新数据集（见表 4-2）。通过筛选得到的新数据集基本覆盖在第三章分析到的可能的影响因素的三个基本类别：成本（含生产成本和费用）、供给、需求及环境。为了消除量纲及异方差问题，本章对所有的变量都进行对数处理。

表4-2　钢铁价格影响因素数据集

类别	影响因素	指标（单位）	标识符号
生产成本	铁矿石	铁矿石综合指数	MX
	焦炭/焦煤	焦炭绝对价格指数	MCX
	其他	原材料库存指数	RX
费用	运费	波罗的海干散货指数 BDI	BDI
供给	产量	国内钢铁产量（万吨/月）	DSQ
	库存	钢协重点企业钢铁库存（万吨）	KV
		产成品库存指数	VX
需求	销售	钢协重点企业钢铁销售量（万吨）	KSQ
		新订单指数	NOX
		房地产投资开发增速（%）	RIG
		房地产新开面积增速（%）	EAG
		城镇固定资产投资增速（%）	AIG
环境	金融	国外：美元汇率	USD
		国内：人民币新增贷款（万亿）	RMBL
	经济	中国钢铁业 PMI	PMI
		黑色金属冶炼和压延加工出厂价格指数	SPPI
	技术	重点钢厂新产品产值率（%）	KNPR

（三）单位根检验（ADF）

在进行 VAR 模型之前，需要对变量进行平稳性检验。如果不进行平稳性检验，那么可能会导致伪回归（王锋龙和刘云刚，2013）。检验时间序列是否平稳也就是检验其是否存在单位根，常用的方法为单位根 ADF（Augmented Dickey-Fuller Test）检验（朱玉祥等，2014）。ADF 采用 p 值判断：当 $p < 0.05$ 时，表示变量为平稳；当 $p > 0.05$ 时，表示变量为非平稳，此时需要对变量做变换，采用差分法，并再次判断平稳性。因此，本书对变量进行单位根检验，判断各时间序列是否平稳，为后续分析市场价格与影响因素之间存在的长期关系奠定基础。

首先，设定零假设 H_0：时间序列存在单位根。对因变量和筛选出的自变量原时间序列进行 ADF 检验，得出自变量和因变量的时间序列平稳性的单位根检验结果：多数 p 值>0.05，表示变量时间序列存在非平稳性。其次，对所有的变量进行一阶差分，并再次进行平稳性检验，一阶差分后的 ADF 检验结果显示：

除了变量人民币对美元汇率 $\Delta\ln USD$ 外，其余变量的一阶差分序列 p 值<0.05，认为是平稳的，即调整后的各变量的时间序列为一阶单整序列。

第三节　实证分析

一、协整检验

检验时间序列变量间的长期均衡关系，常用的协整检验有两种：一是对回归残差进行协整检验，如 1987 年 Engel 和 Granger 提出 EG（E-G）两步法；二是对回归系数进行协整检验，如 Johansen 协整检验，适合多变量的协整检验（吉馨，2010）。由于本书涉及多个变量，因此采用 Johansen 协整检验。如果变量之间有着长期的稳定关系，那么它们之间是协整的（Co-integration）。又由于 R 软件对多变量的 Johansen 协整检验最多 11 个，因此将分 2 次进行（如表4-3所示）。

表4-3　Johansen 协整检验结果

	统计量		显著性水平		
	变量 1~10	变量 9~18	10%	5%	1%
r<=9	0.49	0.45	6.50	8.18	11.65
r<=8	5.07	4.58	12.91	14.90	19.19
r<=7	11.75	7.65	18.90	21.07	25.75
r<=6	21.91	20.38	24.78	27.14	32.14
r<=5	23.27	22.89	30.84	33.32	38.78
r<=4	35.77	29.98	36.25	39.43	44.59
r<=3	44.39	44.17	42.06	44.91	51.30
r<=2	46.84	52.09	48.43	51.07	57.07
r<=1	64.54	54.04	54.01	57.00	63.37
r=0	**72.55**	**90.82**	59.00	62.42	**68.61**

在上述结果中，r=0 的统计量均为大于 1% 的统计量，即 p<0.01，拒绝零假设（变量间没有协整），说明各变量之间是协整的，意味着螺纹钢市场价格指数跟其他的 17 个可能的影响因素变量之间存在协整关系，具有长期的均衡关系，增长或者减少具有协同效应。

二、多元线性回归：长期影响

为解决多重共线性，本书结合相关性分析，将因变量螺纹钢相对价格指数对所有可能的影响因素拟合构建最初的多元回归线性模型，用方差膨胀因子 VIF[①]（Variance Inflation Factors）判断是否存在多重共线性问题：当 VIF>10 时，即存在多重共线性；处理多重共线性的办法是逐步回归法；包含所有变量的初始模型为模型 1（model1），回归结果见表 4-4，结果显示只有 4 个变量显著，其他变量均不显著。且 VIF 检验（见表 4-5）显示多个变量 VIF>10，即变量之间存在多重共线性，因此，进行逐步回归以寻找最优模型。

表 4-4 逐步线性回归分析结果（model1 和 model2）

残差 （Residuals）	Min	1Q	Median		3Q	Max
	−0. 239514	−0. 025724	0. 002592		0. 033058	0. 158189
	Model1 截距	**Estimate**	**Std. Error**	**t value**	**Pr（>|t|）**	**Coefficients2**
		3. 26104	1. 84759	1. 765	0. 08103	3. 78496856
	MX	0. 06955	0. 06573	1. 058	0. 29291	0. 12551277
	MCX	0. 47142	0. 05712	8. 253	1. 41e-12 ***	0. 41780667
	BDI	−1. 104	−0. 02938	0. 02661	0. 27265	
	RX	−1. 404	−0. 09943	0. 07079	0. 16371	−0. 11886858
	KV	−0. 11093	0. 10218	−1. 086	0. 28061	−0. 19834716
	DSQ	−0. 07854	0. 10727	−0. 732	0. 46599	
回归系数 （Coefficients）	KSQ	0. 01392	0. 01431	0. 973	0. 33329	
	VX	−0. 06015	0. 07650	−0. 786	0. 43382	
	SPPI	0. 30685	0. 14176	2. 165	0. 03313 *	0. 23277837
	AIG	0. 05959	0. 08698	0. 685	0. 49506	
	RIG	0. 04646	0. 02812	1. 652	0. 10208	0. 05691850
	EAG	−0. 03158	0. 01427	−2. 214	0. 02942 *	−0. 03075548
	KNPR	0. 13427	0. 11559	1. 162	0. 24855	
	RMBL	−0. 01174	0. 02114	−0. 555	0. 58014	
	NOX	0. 06846	0. 07189	0. 952	0. 34354	0. 10013712
	USD	−1. 21198	−3. 045	0. 39796	0. 00307 **	−1. 11800722
	PMI	0. 06530	0. 12456	0. 524	0. 60141	

---

① 方差膨胀系数（Variance Inflation Factor，VIF）是衡量多元线性回归模型中复（多重）共线性严重程度的一种度量。它表示回归系数估计量的方差与假设自变量间不线性相关时方差相比的比值。

续表

残差 (Residuals)	Min	1Q	Median	3Q	Max
	−0.239514	−0.025724	0.002592	0.033058	0.158189
	残差标准差: 0.06552；AIC = −267.7175；SC/BIC = −241.0832 R^2: 0.9415；Adj R^2: 0.9302；F 值 = 83.2，P (F) = 0.000				

注：①括号中的数值为估计系数的 t 统计量，*、**、*** 分别表示在 10%、5%、1%的水平上显著，以下略同。

②Coefficients2 是指 model2 中各变量的系数。

表 4-5　VIF 检验结果

变量	model1	model2	model3	变量	model1	model2	model3
lnMX	15.614464	8.333659	8.069483	lnAIG	39.489968		
lnMCX	9.585956	4.957614	4.938906	lnRIG	12.998001	7.327900	7.010471
lnBDI	5.303481			lnEAG	2.892084	2.304891	2.259388
lnRX	1.580430	1.471598		lnKNPR	3.564143		
lnKV	14.255559	5.389599	5.384247	lnRMBL	1.833873		
lnDSQ	8.175981			lnNOX	5.116225	1.653730	1.504954
lnKSQ	2.376503			lnUSD	6.561480	3.742698	3.741070
lnVX	2.816940			lnPMI	4.346692		
lnSPPI	11.133506	4.584243	4.582182	**AIC**	−258.695	−269.1226	−267.7175

因初始模型（model1）多个变量不显著，VIF 检验结果显示变量之间存在多重共线性问题，因此进行逐次回归。得到模型 2（model2），相关系数见表 4-4 最右边一列 Coefficients2。逐步回归分析以 AIC 信息统计量为准则，通过选择最小的 AIC 信息统计量来达到删除/增加变量的目的。model2 的 VIF 结果显示，所有指标的 VIF 均小于 10，但 RX 不显著，因此去掉 RX 再做回归；形成 model3，其所有指标的 VIF 均小于 10（见表 4-5），且回归系数都显著（如表 4-6 所示）。

表 4-6　逐步线性回归分析结果（model3）

残差 (Residuals)	Min	1Q	Median	3Q	Max
	−0.241769	−0.029073	0.008348	0.029379	0.163138
回归系数 (Coefficients)	Model3	Estimate	Std. Error	t value	Pr (>| t |)
	截距	3.46229	0.84511	4.097	8.69e−05 ***
	lnMX	0.14039	0.04696	2.990	0.00354 **

续表

残差 （Residuals）	**Min**	**1Q**	**Median**	**3Q**	**Max**
	−0.241769	−0.029073	0.008348	0.029379	0.163138
回归系数 （Coefficients）	lnMCX	0.41342	0.04074	10.148	<2e-16 ***
	lnKV	−0.20179	0.06240	−3.234	0.00167 **
	lnSPPI	0.22942	0.09037	2.539	0.01272 *
	lnRIG	0.04927	0.02052	2.401	0.01825 *
	lnEAG	−0.03387	0.01253	−2.703	0.00811 **
	lnNOX	0.07881	0.03874	2.034	0.04466 *
	lnUSD	−1.12892	0.29860	−3.781	0.00027 ***
	残差标准差：0.06511；AIC＝−267.7175；SC/BIC＝−241.0832 R^2：0.9363，Adj R^2：0.9311；F 值＝178.3，P（F）＝0.000				

从表 4-6 最终的回归模型分析结果可以看出，多元回归的拟合优度 R^2 为 0.9363，调整后的拟合优度 Adj R^2 为 0.9311，说明最后寻找的模型对样本数据的整体拟合效果比较好；F 检验值的 p 值为 0.000，说明模型中所有变量联合起来确实对螺纹钢综合价格指数有显著性影响。

通过逐步回归得到的最优回归模型见式（4-1）。具体而言，螺纹钢市场价格变动受到来自原材料、供需以及金融环境等各种因素的共同影响。本书重点关注：①有哪些影响因素会显著性影响钢铁价格的变化的性质和；②影响因素对价格影响的性质（方向）的分析。回归模型中对价格变动有显著影响的因素有 8 个（如表 4-7 所示）。

$$\ln P = 3.462 + 0.140 \times \ln MX + 0.413 \times \ln MCX - 0.202 \times \ln KV + 0.229 \times \ln SPPI +$$
$$0.049 \times \ln RIG - 0.034 \times \ln EAG + 0.079 \times \ln NOX - 1.129 \times \ln USD + et \quad (4\text{-}1)$$

表 4-7　最优回归模型的显著性影响因素

因素类型	指标（单位）	标识符号	系数
成本	铁矿石综合指数	lnMX	0.140
	焦炭绝对价格指数	lnMCX	0.413
供给	钢协重点企业钢铁库存（万吨）	lnKV	−0.202
需求	新订单指数	lnNOX	0.079
	房地产投资开发增速（%）	lnRIG	0.049
	房地产新开工面积增速（%）	lnEAG	−0.034
环境	黑色金属冶炼和压延加工出厂价格指数	lnSPPI	0.229
	美元汇率	lnUSD	−1.129

（一）成本因素

铁矿石是最重要的原材料。在每吨钢铁的总成本中，铁矿石约占40%；焦炭是除铁矿石之外的最大的生产原料；因此，原材料价格水平的变动会直接推动钢铁价格水平的变动。实证结果显示：铁矿石综合指数（lnMX）和焦炭绝对价格指数（lnMCX）表征的原料成本跟螺纹钢价格（lnP）同向变动，说明矿石和焦炭的价格跟螺纹钢价格呈长期同向均衡关系。理论结论跟现实相符。因此营销企业在预测钢铁产品市场价格变化趋势时，成本是必不可少的考虑因素之一。

（二）供给因素

库存是供给的表征，中国钢铁工业协会重点企业的库存量（lnKV）是公开程度最大的库存信息。供给对价格的影响首先会通过供给量（库存）来直接体现，也会通过对钢铁交易方的预期来影响钢铁价格。一方面，库存增加，表征供给增加，价格下降；另一方面，库存是市场心态转空的焦点，库存增加，钢铁交易者预期价格下降，多采取做空（卖出）的操作，加大供（卖）需（买）失衡，进一步刺激价格更大幅度的下降。库存减少情况亦然。实证分析结果，与理论分析相符，表征钢铁供给的库存跟螺纹钢价格呈现反方向的长期变动关系。

（三）需求因素

近年来，中国钢铁工业持续产能过剩，因此，供需关系中需求的影响对价格的影响更加凸显。实证结果也显示，在8个显著性影响因素中，来自需求的显著性因素就有3个。新订单指数（lnNOX）表征钢铁产品需求的综合指数，能直接代表对钢铁产品的需求变化，订单指数越大说明需求越大，螺纹钢价格越高。另外，钢铁行业的需求中建筑业占比达到58%，螺纹钢又是建筑业主要需求钢种，因此，可以推断建筑业的发展情况直接影响对螺纹钢的需求量，进而影响螺纹钢的价格。表征房地产发展水平的指标是房地产投资开发增速（lnRIG）和房地产新开工面积增速（lnEAG）；其中，lnRIG的实证分析结果跟理论分析一致，从长期来看，是同向变动关系，可以解释为房地产投资开放增速代表着对螺纹钢的需求变化，跟螺纹价格变化是同向波动的。但房地产新开工面积指标（lnEAG）与经济理论相悖，可能的解释是：lnEAG表征更多的是当期的需求，同时，房地产的发展对螺纹钢需求影响已经由lnRIG解释。

（四）环境因素

（1）行业经济因素。黑色金属冶炼及压延加工出厂价格指数（lnSPPI）是能表征整个黑色金属冶炼及压延加工行业的总体出厂价格的变动趋势的经济指标，是已经包含了各类经济因素之后的综合指标。跟螺纹钢的市场价格同方向波动，经济理论跟分析结果相符。

（2）金融环境因素。金融环境对价格的影响是复杂且多渠道的，例如，人民币兑美元的汇率（lnUSD）；如前所述，螺纹钢最重要的原材料是铁矿石，而中国的钢铁企业所需的铁矿石主要依赖进口，因此，汇率的波动会直接影响到钢铁企业的生产成本。汇率的变动还会影响到钢铁的出口和进口，进而通过供给和需求间接影响价格。从实证分析结果来看，人民币兑美元汇率变动跟螺纹钢价格的波动呈反方向变动；例如，从上游来看，人民币升值使铁矿石的人民币价格相对反向变动；从下游来看，人民币升值可能会对本来就疲弱的出口更加利空，而且会从整体上对螺纹钢价格存在一定的压制作用。分析结果显示综合效应是反向变动。

三、误差修正模型：短期影响

多元回归模型是各自变量指标对因变量钢铁价格指数变动的长期影响分析工具。为了分析各变量对价格指数的短期动态影响，可以借助短期误差修正模型（ECM）进行分析。ECM 的前提之一是各变量协整，本书运用 E-G 两步法进行协整检验。对残差进行单位根检验，结果显示：检验统计值为 -3.6957，在 1%、5%、10% 的显著性水平下都小于临界值（-2.58、-1.95、-1.62）；说明不存在单位根，即残差平稳，各变量间存在协整关系。

（一）构建 ECM

通过各变量的一阶差分与上述回归模型的残差建立误差修正模型 ECM，拟合结果见表 4-8。误差修正项的系数为负（-0.162688），符合误差修正机制，反映上一期偏离长期均衡的数量将在下一期得到 16.27% 的反向修正；这也符合之前证明的协整关系。

表 4-8　误差修正模型结果

Model（修正）	Estimate	Std. Error	t value	Pr（>｜t｜）
截距	0.001202	0.003674	0.327	0.744229
lnMX	0.233110	0.069687	3.345	0.001179**
lnMCX	0.192852	0.050088	3.850	0.000214***
lnKV	-0.059033	0.047156	-1.252	0.213689

续表

Model（修正）	Estimate	Std. Error	t value	Pr（>|t|）
lnSPPI	0. 288496	0. 130416	2. 212	0. 029355 *
lnRIG	0. 014487	0. 021894	0. 662	0. 509764
lnEAG	−0. 009620	0. 008501	−1. 132	0. 260649
lnNOX	0. 060117	0. 021076	2. 852	0. 005324 **
lnUSD	−1. 029219	0. 554875	−1. 855	0. 066717
error. lag	−0. 162688	0. 073469	−2. 214	0. 029193 *

（二）各因素对螺纹钢价格的短期波动影响分析

短期波动影响分析是指对于因变量对长期趋势的偏离与滞后期、解释变量滞后值与自身随机误差项之间的关系分析。即将长期均衡关系模型中的残差序列作为被解释变量引入，在一个从一般到特殊的检验过程中，对短期波动关系进行逐项检验，不显著项逐渐剔除，直到最适当的形式被找出。与长期影响对比，对螺纹钢价格产生短期影响的显著性因素要少一些，包括矿石价格指数（lnMX）、焦炭价格指数（lnMCX）、黑色金属冶炼和压延加出厂价格指数（lnSPPI）、新订单指数（lnNOX），系数（四舍五入保留小数点后两位）分别为 0.23、0.19、0.29、0.06，各系数可以解释为螺纹钢价格变化对矿石价格、焦炭价格、黑色金属冶炼及压延加工业出厂价格以及新订单指数的短期弹性。即在短期内，如果矿石价格指数变化率波动 10%，那么螺纹钢价格指数变化率会同向波动 23%；如果焦炭价格指数变化率波动 10%，那么螺纹钢价格指数变化率同向波动 19%；如果黑色金属冶炼及压延加工业出厂价格指数变化率波动 10%，那么螺纹钢价格指数变化率同向波动 29%，如果新订单指数变化率波动 10%，那么螺纹钢价格指数变化率同向波动 6%。

总体来讲，对螺纹钢价格短期波动有显著影响的是表征生产成本的矿石价格指数和焦炭价格指数、表征需求的新订单指数以及表征经济环境的黑色金属冶炼和压延加工出厂价格指数，实证分析结果跟本章前面分析一致：螺纹钢价格短期波动受到生产成本、需求和经济环境的影响。

四、脉冲响应分析和方差分解

（一）脉冲响应分析（IRF）

为更全面地分析螺纹钢价格波动机理，可采用脉冲响应函数（IRF）分析当一个误差项发生变化时或者说模型受到某种冲击时对系统的动态影响。IRF 分析便是描述系统每一个内生变量的冲击给其他内生变量所带来的影响的分析方法。本部分将各显著性影响因素对螺纹钢价格进行脉冲检验，结果如图 4-2 所示。

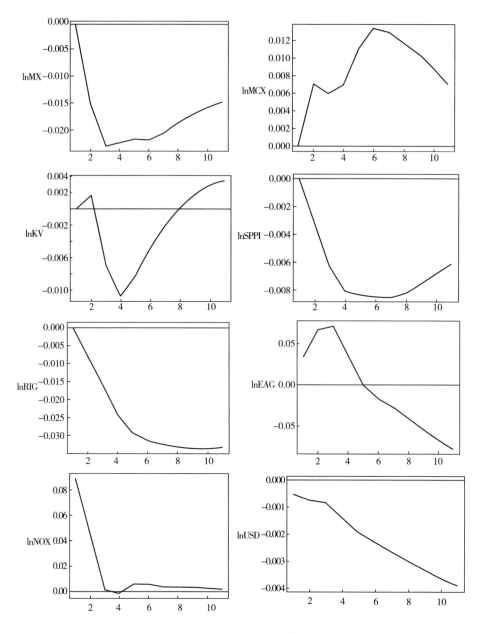

图 4-2　脉冲响应结果

脉冲响应结果显示：铁矿石价格（lnMX）波动会对螺纹钢价格（lnP）产生反向冲击，冲击力度在第三期达到最大后缓慢减小，冲击影响持续性强。焦炭价格（lnMCX）对 lnP 的正向冲击逐渐增强，在第六期到最大值后逐渐减弱；但相比于 lnMX 的冲击，影响力度要小。钢协重点钢企的库存（lnKV）对 lnP 的冲击是反复的，先是小幅正向冲击后急速反向冲击，在第四期力度达到最大，而后冲击影响减弱，在第八期时由反向转变为正向冲击。说明企业库存对钢铁价格的价格传导机制是复杂且间接的。黑色冶炼和压延加工出厂价格指数（lnSPPI）对 lnP 的冲击影响是反向冲击在前四期变化大，在第六期达到最大冲击力度后开始缓慢回弹。房地产投资开发增速（lnRIG）对 lnP 的反向冲击呈逐步增强趋势，在第六期后趋于平稳。房地产新开面积增速（lnEAG）对 lnP 的冲击是先反向后正向的效果。新订单指数（lnNOX）对 lnP 冲击效应为即时正向大幅度冲击后迅速减弱，在第三期时冲击效应几乎消失。人民币兑美元汇率（lnUSD）对 lnP 冲击效应为小幅缓慢反向增加趋势。

综上所述，各显著性影响因素的波动对螺纹钢价格均具有冲击影响且多数冲击具有滞后期，说明影响因素对钢铁价格的传导机制存在时滞，表现为螺纹钢的价格黏性。

（二）方差分解（VD）

除脉冲响应分析（IRF）之外，另外一类描述系统中每个内生变量的冲击给其他内生变量所带来的影响的分析方法就是方差分解（Variance Decomposition，VD），提供关于每个扰动因素响应 VAR 内各个变量的相对程度的信息，即一个冲击要素的方差由其他随机扰动项解释多少。该方法由 Sims 于 1980 年提出。多元回归中显著性影响因素及螺纹钢价格的方差分解结果如表 4-9 所示。

表 4-9　行业数据方差分解结果

Period	lnP	lnMX	lnMCX	lnKV	lnSPPI	lnRIG	lnEAG	lnNOX	lnUSD
1	100. 0000	0. 0000000	0. 0000000	0. 0000000	0. 0000000	0. 0000000	0. 0000000	0. 0000000	0. 0000000
2	69. 79364	14. 43615	0. 3111743	5. 572435	0. 1435093	6. 749869	0. 8214213	1. 7558931	0. 4159116
3	56. 59988	18. 62277	0. 2444691	8. 281571	0. 1172054	12. 830840	1. 3693224	1. 5917660	0. 3416735
4	53. 25046	19. 89202	0. 6902617	9. 175084	0. 3518734	13. 439129	1. 5772598	1. 3507755	0. 2731359
5	51. 61808	20. 81413	1. 9936193	10. 502060	0. 6756732	11. 492487	1. 5720905	1. 1154898	0. 2163623
6	49. 24128	21. 54783	3. 3660890	12. 477752	1. 0203093	9. 766798	1. 4792311	0. 9275843	0. 1731258
7	46. 95735	21. 75905	4. 8761150	14. 018685	1. 3630629	8. 728916	1. 3498701	0. 7844567	0. 1624956

续表

Period	lnP	lnMX	lnMCX	lnKV	lnSPPI	lnRIG	lnEAG	lnNOX	lnUSD
8	45.17426	21.57465	6.5735200	14.893137	1.6373843	8.028365	1.2128962	0.6872526	0.2185297
9	43.68244	21.20851	8.2548219	15.447681	1.8269629	7.506655	1.0935092	0.6253621	0.3540572
10	42.29872	20.72567	9.8109027	15.896512	1.9639953	7.135569	0.9992628	0.5879328	0.5814357
20	30.74085	14.83302	19.6769353	16.875823	2.4603613	5.176147	0.7429060	1.1151858	8.3787702
30	26.76886	15.87492	18.5617274	13.003747	1.9175143	4.333304	0.7726216	2.1476619	16.6196456
60	32.14318	17.10005	14.3305146	8.746808	4.8190789	5.240770	0.6136179	2.0516150	14.9543648
90	29.54819	20.94488	13.0989793	10.480390	5.0654638	4.499732	0.5342311	1.8921811	13.9359543
100	28.75779	20.45254	13.6061894	11.114083	4.9449676	4.378042	0.5343085	1.9215394	14.2905480

由方差分解结果可以发现：首先是螺纹钢价格（lnP）的变化主要由自身来解释。其次是矿石价格（lnMX）变量；lnP 自身的解释在前五期占据 50% 的比例；lnMX 对 lnP 的解释呈现先升后降再升的波浪状，在第七期达到最大值，解释占比为 21.75%。再次是焦炭价格（lnMCX）对 lnP 的解释是呈缓慢增加趋势，在第二十三期达到 20.39% 后呈现缓慢减弱趋势。最后是钢协会员企业库存的变化（lnKV）对 lnP 变动的解释同焦炭价格的解释趋势是雷同的，呈现缓慢的先增后降趋势，在第十七期达到最大值 17.26%。房地产投资开发增速（lnRIG）的解释力度，短期内较大达到 13.44%（第四期），而后就急速减弱；其他要素的解释力度较小。人民币兑美元汇率（lnUSD）的解释力度，短期内非常小，在远期，三十期以后的解释力度较大。

第四节　本章小结

一、实证分析结果

根据第三章构筑的战略导向定价决策流程，本章以螺纹钢为例，对钢铁产品市场价格定价机制和显著性影响因素进行定量分析。实证分析结果显示：从长期来看，生产成本方面的焦炭价格、铁矿石价格以及体现供给因素的中国钢协重点企业库存、黑色金属冶炼和压延加工出厂价格指数、人民币兑美元汇率对钢铁价格的变动具有显著且持续的影响。体现需求的新订单指数、房地产投资开发增速和房地产新开面积增速也会影响显著钢铁价格的变动，但影响力度较小。从短期来看，矿石价格、焦炭价格、黑色金属冶炼及压延加工业出厂价格以及新订单数量会对螺纹钢价格的短期波动有显著性影响。这些分析结果构成了后续钢铁企业的定价决策的经济环境分析，为钢厂定价决策提供参考和借鉴。

二、钢铁产品市场价格高频大幅波动的可能原因

以螺纹钢为例的钢铁价格影响因素实证分析结果显示，钢铁价格主要受到生产成本、供需及经济环境等因素影响。因此，本书认为从影响因素视角来看，钢铁价格高频大幅波动可能的原因有以下三个方面：

第一，钢铁产品主要原材料铁矿石和焦炭价格的高频大幅波动，通过直接推动效应，带动钢铁价格的异常波动。图4-3中铁矿石综合指数、焦炭价格指数和表征钢铁市场价格水平的中国钢材价格指数，对比可见，在2006～2017年，铁矿石价格和焦炭价格均存在大幅波动现象，相比而言，钢铁产品价格波动幅度还要略小。

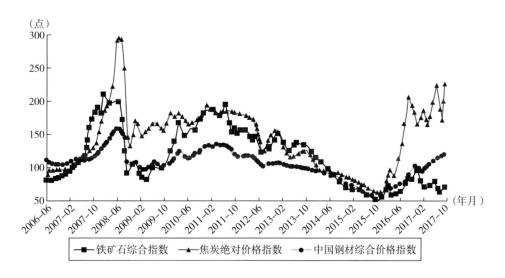

图4-3　中国钢铁价格指数与主要生产材料价格指数波动情况

第二，供需因素的高频大幅波动，通过调节效应，助推钢铁价格的异常波动。从图4-4可以看出，表征供给的［中钢协］重点企业钢铁库存指数呈现高频大幅波动，频率和幅度均大于中国钢铁综合价格指数。表征需求的房地产指标之一——房地产新开工面积增速波动幅度很大且频率也高；表征需求的房地产指标之二——房地产投资开发增速更是跟钢铁价格指数波动趋势一致。可以认为，

供需各因素的高频大幅非平稳发展也是带来钢铁价格大幅波动的重要原因。

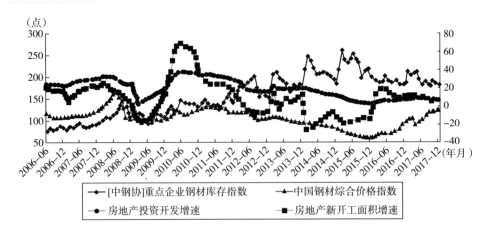

图 4-4 中国钢铁价格指数与供需因素的波动情况

第三，钢铁产品价格的异常波动不能用经济环境指标变量解释。按照理论分析，钢铁产品属于国民经济基础产品，其价格应该跟整体经济变化趋势一致；在本章实证分析中结果亦是如此。但现实情况是：一方面，国家的整体经济发展不可能出现类似钢材产品价格那般的高频大幅波动；另一方面，从图4-5可以看出，表征经济环境的钢铁行业PMI也没有出现高频大幅波动。因此，宏观经济环境的影响并不是构成钢铁价格大幅波动的直接原因。结合前面分析的时滞效应，价格具有黏性，本书认为环境因素对中国钢铁价格水平有影响，但属于间接影响。

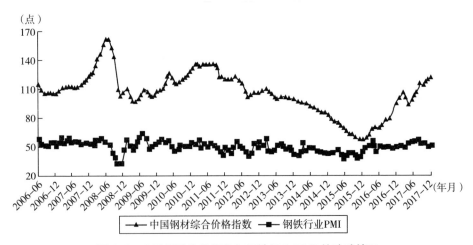

图 4-5 中国钢铁价格指数与钢铁行业 PMI 的波动情况

第五章 钢铁产品出厂价格
定价机制探索性研究

本章在第四章实证分析钢铁产品市场价格的显著性影响因素并探究钢铁产品市场价格高频大幅波动的基础上，结合目前钢铁产业所处的新形势以及钢铁营销渠道中存在的价格"倒挂"现象，嵌入渠道权力，采用了现象学解释学方法对出厂价格的定价机制进行探索性研究。

首先通过深度访谈获得文本数据，其次对文本数据进行分析，得到在钢铁工业不同的发展阶段渠道权力的演变历程，最后分析在不同的渠道权力结构下，钢铁产品出厂价格的定价决策机制。

第一节 研究方法的选择

一、现象学解释学方法

（一）定性研究

定性研究是一种描述与解释的研究方法，也称作质的研究、定质研究或质性研究等，国内外尚未形成明确统一的定义。Denzin 和 Lincoln（1994）认为，定性研究是跨学科、跨专业、跨领域、跨主题的研究方法，由一组复杂的、相互关联的术语、概念和假设等组成。国内定性研究的权威陈向明（2000）认为，定性研究是以研究者本人作为研究工具，在自然情况下采用多种资料收集方法对社会现象进行整体性探究，使用归纳法分析资料和形成理论，通过与研究对象互动对其行为和意义建构获得解释性理解的一种活动。定性分析方法作为一种探索性研究方法，往往强调研究程序、研究方式和研究手段的灵活性和特殊性。参与观察和访谈法是定性研究中主要的资料收集方法。在资料收集后，采用归纳法使其逐步由具体向抽象转化，最后形成理论。与定量研究相反，定性研究是以"有根据的理论"为基础的。这种方式形成的理论，是从收集到的许多不同的证据之间的相互联系中产生的，这是一个自下而上的过程。

（二）现象学解释学方法

现象学解释学原本是哲学的传统，对于那些把哲学视为哲学史的哲学家来说，哲学就是解释学。现象学哲学分化为观念论现象学、发生现象学和解释学现象学三个分支；与之相对应，作为研究方法的现象学主要有三种含义：先验研究、体验研究与解释学研究；现象学的核心精神乃是先验研究和解释学研究（刘良华，2013）；解释学方法（Hermeneutic Approach）将"人们通过对自己生活/工作经验加以表达所获得的创造性资料"作为分析的基础，认为理论是一种"社会建构，是植根于特定历史和文化的人们协商、对话的结果"（Eckartsberg, 1998）。现象学解释学与传统的解释学的不同之处在于：以往的解释学可能拘泥于对文本的实证式的解读，而现象学解释学更重视读者或研究者凭靠自己的"主见"或"偏见""前见"去与文本展开谈话，并由此而让研究对象围着研究者转而非让研究者围着研究对象转。在市场营销学领域，该研究方法主要用于发现取向的消费者研究和品牌研究中（蒋廉雄等，2012；卫海英等，2015）。为了剖析钢铁流通领域存在的价格问题、渠道权力对定价决策的影响及潜伏的定价机制问题，本章采用现象学解释学方法来进行探索性研究。

二、研究方法的选择原因

研究问题的性质决定研究方法。在新形势下，钢厂亟须完善营销渠道来改善营销业绩，钢贸商也需要在钢铁流通领域发挥其市场调节作用并生存发展下去，因此，两者应该通过渠道合作建立渠道联盟来实现合作共赢。从价格视角来看，却出现了与理论分析完全相悖的出厂价大于市场价的价格"倒挂"现象。对于价格"倒挂"的真实原因是什么，背后涉及的定价机制中哪个环节出了问题，以及嵌套在其中的定价权（渠道权力结构）又是什么状况，渠道权力对定价决策及价格"倒挂"产生什么影响，已有研究对渠道权力的测量和使用效果等进行了广泛而深入的研究，其中不乏有许多采用了定量的分析方法；但各种文献的结论存在很大的冲突（赖弘毅和晁钢令，2014）。

由渠道权力的来源和范畴界定可知，权力的拥有是因接受方对资源的感知和依赖而生；而权力的使用是权力拥有方行使权力、权力接收者反馈而权力行使方调整的过程，因此，渠道权力存在自我感知和对方感知的差异，具有两面性和相对性。主要体现在钢厂定价决策问题上，涉及钢厂是否将钢贸商纳入决策过程，面对定价决策结果钢贸商如何反应，以及针对钢贸商的反应钢厂又如何调整价格。由于渠道权力具有动态性，面对钢铁产品价格波动异常和价格"倒挂"，作为渠道链条中的钢厂和钢贸商在不同的阶段定价权是变化的，嵌入渠道权力的决策过程难以用定量的方法来描述和揭示，因此，本书认为采用定性探索性分析方法更合适。

综上所述，本书选择现象学解释学方法的原因主要有以下三个：①研究问题决定研究方法，文献综述中量化的定价决策模型和方法，都具有严格的假设条件，现实中难以实现；外加"黑老粗"的钢铁行业一直采用粗放式管理，精细化的量化管理在企业内部难以实现。因此，钢铁产品的定价决策理论研究假设到研究结果应用推广角度，均更适合定性分析方法。②钢铁产品价格的异常现象不能用传统的经济学理论解释，即定量的研究方法难以系统全面地解释该问题。③相比于定量方法而言，从渠道权力到嵌入渠道权力的定价决策，更适合通过深度访谈来获取钢厂和钢贸商的决策心理过程，进而挖掘潜伏的问题，并归纳背后的机理。基于以上三点，本书选择解释学研究方法分析钢铁产品价格异常现象，将渠道权力嵌入企业定价决策，来剖析钢铁产品定价机制和渠道管理存在的问题。

第二节 深度访谈与文本处理

现象学解释学方法的研究程序包括资料收集和资料分析两个阶段（Thompson et al.，1994）。资料收集的目的是将被研究者的经验与行为转换成文本（Thompson & Haytko，1997）。资料收集的方法主要有观察和访谈。资料分析是对搜集到的声音、录像等资料进行分析处理。本章采用的资料搜集方法是深度访谈，然后将录音材料反复回放并转化为文本研究件进行仔细揣摩，以期通过归纳找到钢铁产品价格"倒挂"的真实原因及其背后潜伏的价格和渠道作用机理。

一、深度访谈与文本分析

（一）深度访谈过程

深度访谈是一种非正式、互动性高且开放式的访谈过程。一开始通过社交性会话或简单的活动建立一个轻松的交谈氛围，访谈者再接着请受访者描述一些与研究主题相关的生活/工作经验，访谈者要控制访谈气氛，使受访者乐于回答相关问题。研究者根据研究目的确定的样本标准来选择受访者，这些标准设定了研究结果所处的特定的社会环境，并限定对交易行为及现象所做解释的范围。研究者通过电话、网络等方式与这些受访者联系，告知他们研究目的，并确定他们是否愿意参加该项研究。因为访谈的问题可能涉及企业不愿公开的"商业机密"，研究者须与受访者达成保密协议，并告知访谈内容会被录音。整个对话过程是一个描述的过程。访谈方法比较灵活，研究者可以根据采访对象选择合适的调查提问的方式、语气和用词。其中，当面交谈易于形成友好合作的气氛，可以把研究目的、要求和问题解释得更加清楚，加上当场提出的附加问题，研究者能够获得问卷调查法所难以获取到的信息。

一般情况下，权力战略是由制造商选择实施的，但是由经销商来评价战略实施的效果，所以，为了充分地考察这些权力战略对经销商行为或经营决策方面的影响，在国外的市场营销访谈性研究文献中经常使用双向深度访谈。鉴于渠道权力的两面性和定价决策的利益相关性，本书也采取双向深度访谈的方法，分别对钢厂和钢贸商进行访谈。首先，通过分别对钢厂和钢贸商围绕钢铁产品价格"倒挂"现象的真实性、双方交易过程的心理感受及相关行为决策等问题的沟通，引导参与者对该问题的表象和应对机制进行思考，其目的是让每个参与者在思考中形成其对价格"倒挂"现象进行理解和应对的心理决策反应的意义网络；其次，期望从中挖掘出渠道权力在定价决策中的作用机理；最后，还通过固定的验证性程序，让参与者在访谈结束后对自己的叙述进行小结，用于后期验证研究者主观解释观点的适当性。

（二）访谈对象的选择

关于深度访谈对象的选择：本书从 2017 年开始，参考 Debenedetti 等（2014）的研究方法分"三阶段"进行。第一阶段是参加相关领域的期货论坛/会议，通过论坛讲座学习、论坛期间及会后与相关专家进行交谈来获取第一轮的相关材料，形成相关问题的一般看法；由此，初步确定研究问题涉及的相关理论，并据此完成相关文献的搜集，勾勒出本书的概要框架。第二阶段是对熟悉的钢厂、钢贸商、钢铁期货、行业领域的专家及营销渠道专家进行访谈，相关专家理论更扎实、对问题的理解更系统、更深刻、视野更开阔，通过与他们的深度访谈能够补充和完善本书的理论框架，修正研究路线。第三阶段是对从业经验在10年以上的参与者就研究问题进行深度访谈，其中，被访者有11位来自钢厂、7位来自钢贸商（被访谈者的基本情况见表5-1）。11位来自钢厂的访谈对象，大部分来自在当地有一定影响力（品牌）的钢厂，原因如下：参见第三章的分析，虽然根据贝恩的 CR4 及 CR8 的标准判断，我国钢铁行业属于竞争型；但中国地域广阔，钢铁的生产和消费具有一定的区域特性，有些技术先进、管理优越的企业一般规模较大，在当地市场上是具有一定影响力的品牌，例如，沙钢、宝钢等，在定价领域，具有一定的价格领导者地位和影响力；而其他一般企业在定价策略上采取跟随模式。

表5-1 被访者基本情况汇总

	编号	职位/姓氏	企业名称	年限	所在地区
钢厂	1	销售副总/马先生	马钢（杭州）钢铁销售有限公司	10	浙江杭州
	2	省级区域经理/李先生	宝钢集团钢铁销售有限公司	14	上海
	3	区域分公司副总/葛先生	鞍钢集团（杭州）销售有限公司	11	浙江杭州
	4	营销副总/李先生	安阳钢铁集团第四轧钢厂	12	河南安阳
	5	销售副总/陈先生	河钢集团宣钢分公司	15	河北张家口
	6	市场部副总/杨先生	杭州尚兴钢铁有限公司	12	浙江杭州
	7	区域销售经理/崔先生	莱钢集团青岛分公司	10	山东青岛
	8	销售分部经理/白先生	杭州钢铁集团公司	11	浙江杭州
	9	区域经理/盛先生	宁波钢铁有限公司	10	浙江宁波
	10	区域副总/余先生	中天钢铁徐州分公司	12	江苏徐州
	11	销售副总/陈先生	山钢股份济南分公司	13	山东济南
钢贸商	1	钢铁事业部经理/王先生	浙江杭钢国贸有限公司	10	浙江杭州
	2	负责人/顾先生	浙江迦茂物资有限公司	20	浙江台州
	3	负责人/谢先生	杭州瓯坤实业有限公司	16	浙江杭州
	4	负责人/王先生	杭州中淳钢铁有限公司	17	浙江杭州
	5	高级经理/李先生	上海仕悦事业有限公司	12	上海
	6	副总经理/杨先生	远大物产集团有限公司	11	浙江杭州
	7	副总经理/龚先生	上海宝钢商贸有限公司	12	上海

基于时间和成本的考虑，访谈采取面谈与电话访谈两种方式，浙江省和上海市的访谈对象基本采取面谈方式，其他省市的访谈对象采用电话访谈的方式。访谈提纲和调研问卷一般在 3 日前通过 E-mail 或微信发给访谈对象，并预约访谈时间。访谈是半结构化的，这样既可以对访谈结构有一定的控制，又能给受访者留有较大的表达自己观点和意见的空间，使对相关问题的探讨更加深入，进而获取更多、更有价值的信息。访谈时间长度为 50 分钟至 2 小时不等。访谈者以一个封闭式问题来聚焦参与者的思维——"您认为是否存在钢铁产品出厂价大于市场价的问题?"，鼓励参与者说出关于这个问题的认识和理解，并引导他们反思与之相关的价格行为、渠道协调等决策过程及其应对机制决策相关事宜。为确保访谈所获资料的信度，在访谈结束前，跟访谈者一起总结和归纳访谈者的观点，然后确认、解释和补充。

（三）文本处理

对深度访谈获取到的录音逐字记录整理下来便形成了文本资料（访谈稿），文本处理即对文本资料分析的过程，就是对文本进行解释、识别、归纳文本象征喻义的过程，需要对照文本，结合录音的语调语气反复从部分到总体循环消化理解。对文本资料的分析分为三个阶段：阅读文本资料、个别主题分类和找出共同主题。第一步是研究者要先排除自己的前设和判断，采取主位分析法，沉浸到文本所描述的受访者的交易过程中，逐渐领悟他们价格决策的心理感受和经验意义并进行解释。第二步利用不同的理论从不同的视角对访谈文本进行解读，这个过程是个不断反复循环的过程，是研究者与被研究对象（被研究者）"视域融合"①的过程。通过对文本内特定要素的挖掘理解文本，并从文本的整体含义出发再认识要素，完成三轮解释循环，理论意义不断交叉重叠循环往复以加深对文本的理解。对不同文本中的相同（相似）要素进行归纳和提炼，以所提炼的共性要素（如奖励权、信息权）再去理解文本。第三步是突破被访谈者的格局，实现延展性阅读。尝试对比相关文献和对被访者的描述进行扩张思考，以期赋予新的意义。最后整理归纳、补充完善，理顺、验证并修正所阐释的机理。在文本处理过程中，既要视域融合又要不断批判性反思②。

---

① 视域融合是以解释者的先入之见（背景知识）对文本中所包含的被解释者个人意义的洞察和理解。
② 批判性反思是通过对文本意义的理解修正解释者原本的思想，产生新的发现和思想。

二、文本处理结果

通过对文本进行初步分析，得到以下三个预处理结果：

（一）钢铁流通领域的渠道权力

渠道权力是营销渠道成员 A 对渠道成员 B 决策行为的控制力和影响力。融合本书第二章中关于渠道权力的综述及访谈文本的解读，钢铁产品营销渠道中钢厂和钢贸商的权力见表 5-2。

表 5-2　钢铁流通领域渠道权力对比

权力类型	钢厂	钢贸商
奖励权	经销权、批量折扣、返利、运费补贴等	订货、优先推销等
强迫权	撤销/威胁奖励权优惠条件、扣除保证金	取消/减少进货、拖欠货款等
法定权	合同中规定的权力	合同中规定的权力
认同权	品牌/影响力等	影响力/良好信誉等
专家权	钢铁产品知识等	经销专长等
信息权	市场/客户需求等方面的有用信息	市场/客户购买决策习惯等

（1）奖励权。是指渠道成员 A 给予渠道成员 B 的有价值的东西的能力。例如，因为可以给予钢贸商经销权、数量折扣、返利、运费补贴等，钢厂具有奖励权；而因为具有一定的销售客户资源，可以优先推销某些钢厂的产品等，所以，钢贸商也具有奖励权。

（2）强迫权。是指渠道成员 A 处罚渠道成员 B 的能力。例如，钢厂具有扣除钢贸商的保证金、撤销其经销权、数量折扣等相关优惠条件的能力，即钢厂具有强迫权；而钢贸商具有不进货、拖欠货款等方面的强迫权。

（3）法定权。是指渠道成员 A 利用内部成文/不成文的规则来影响（迫使改变）渠道成员 B 行为的能力。钢贸商的法定权来自其与钢厂之间正式或非正式的合同。钢厂规定钢贸商必须向钢厂缴纳保证金，钢厂具有法定权。法定权的使用对渠道成员存在两种截然不同的作用。以钢贸视角举例，一方面，钢贸商根据双方间正式或非正式的合约来要求钢厂采取或不采取某些行为，体现了钢贸商"照章办事"，遵从双方合约中规定的义务。此时，钢厂会认为钢贸商遵守合同，是值得信赖的。另一方面，钢贸商根据合同赋予的权力直接要求钢厂采取或不采取某些行为，会让钢厂认为钢贸商不顾及对方感受，从而引起钢厂内心的抵触。

（4）认同权。是指渠道成员 A 以其特有的形象/吸引力获得渠道成员 B 认可的能力。例如，某些知名品牌的钢厂或一些大型资深的钢贸商，由于其产品和服务具有良好信誉，得到市场/消费者的认可，具有一定的品牌效应，同时，也就具有了认同权。

（5）专家权。是指渠道成员 A 由于其具有某些专业知识而对渠道成员 B 来讲具有一定的影响力。例如，钢厂因具有钢铁产品技术知识而具有专家权；而钢贸商与钢厂相比，与终端消费者互动更多，更了解消费者，掌握更多终端市场的交易技巧，经多年积累形成的市场网络、销售力等市场运作方面专长，赋予钢贸商专家权。此时，如果钢贸商基于其专长给予钢厂相关的产品或营销等方面的建议和意见，会让钢厂认为钢贸商关注钢厂的利益，是值得信赖的，可以发展合作关系；遗憾的是，这样的情况在现实中极少出现。

（6）信息权。是指渠道成员 A 因掌握更多的有用信息从而对渠道成员 B 具有影响力。例如，在信息不充分的年代，钢贸商具有相对较多的关于市场/客户的需求及购买决策行为信息，因此，钢贸商在信息权方面更具有优势。

（二）文本预处理之阶段划分

在对访谈录音及文本整理分析过程中，渠道权力和定价决策跟经济背景契合，呈现明显的阶段性。本书研究嵌入渠道权力的定价决策在不同经济背景下存在差异，这跟本书第四章的实证结果相互印证：市场价格的变化受到宏观经济环境的间接影响。

对比中国经济发展阶段、中国钢铁工业发展阶段和钢贸商的发展历程，通过对访谈材料的初步整理发现，渠道成员权力结构的变化及其定价决策跟经济发展阶段基本契合，形成特性鲜明的不同阶段。从 1993 年价格放开到 2000 年中国的钢铁工业快速成长，同时钢铁流通领域发展迅速，上海等区域形成初具规模的钢贸圈。进入 21 世纪后，钢铁营销渠道权力变化可分为三个阶段（见表5-3）。阶段Ⅰ：2000~2008 年，我国钢铁产量年均增长率为 21.01%，是钢铁产业迅速发展的黄金阶段，简称为迅速发展阶段；阶段Ⅱ：2009~2014 年，钢铁行业极盛后开启下行的战略调整阶段；阶段Ⅲ：2015 年至今，钢铁行业触底后开启战略升级阶段。由于 2000 年之前，钢铁市场还处于价格机制的过渡调整期，钢贸商和钢厂的关系也比较松散，价格异常问题并不凸显，因此，本书重点分析 2000 年后的三个阶段。

表 5-3 钢铁营销渠道权力背景的阶段划分

阶段	经济背景	钢厂	钢贸商
Ⅰ：迅速发展阶段	经济刺激，下游产业拉动效应明显	专注生产，追求扩大生产规模；该阶段我国钢铁行业的平均利润率在 10% 以上	钢贸商五户联保模式成熟，手头资金充裕，客户资源丰富
Ⅱ：战略调整阶段	金融危机、经济增长放缓；"四万亿"刺激延缓冲击但价格持续下降	继续扩大生产；在经济和产业政策的压力下，进行了艰难的重组转型；极盛走向极衰	"四万亿"刺激埋下隐患，钢贸危机后信贷收紧，钢贸圈优胜劣汰
Ⅲ：战略升级阶段	去产能、环保政策等环境下，由粗放型向内涵式发展转变	全行业严重亏损触底，过剩矛盾逐步缓解；价格回弹，降本增效效果初现	经历过洗礼并生存下来的钢贸商具有核心竞争力和新商业模式的企业

（三）文本预处理之分析框架

通过对文本资料的整理发现，在不同的发展阶段，渠道权力是动态变化的，进行形成不同的渠道权力结构。权力的使用及渠道权力结构对不同阶段定价决策流程的每个环节影响亦有差异。不同的阶段基本的逻辑演变历程如下：钢铁产品的营销渠道中钢厂和钢贸商面对复杂多变的外部经济环境，由于持有的资源不同，依赖程度和渠道权力不同，于是构成了不同的渠道权力结构。营销渠道的各个环节和各个方面都可能存在冲突和权力斗争，但集中体现在价格的制定方面。对于钢铁产品的定价决策，定价目标无论是生存、提高市场占有率抑或其他，最终的目的是与企业利润相关，与企业总目标一致。因此，定价决策是企业层面的决策，而不仅是销售部门或者市场部门的决策。在新形势下，有效需求不足、销售不畅、盈利困难，定价成为企业的重要战略手段，定价决策具有战略意义。因此，本书第三章构筑的战略导向的定价决策流程（见图 3-6）适合目前的行业现状。

在战略导向的定价决策流程中，首先，钢厂的定价决策首要环节是熟悉钢铁产品的定价机制并结合环境因素预测价格的变化趋势；其次，确认企业的定价目标，进而选择合适的定价方法/策略，制定完善的价格方案；最后，是价格的执行/调整。其中价格方案一般是以出厂基准价为基础，各项相关规定和优惠政策为补充的价格整体方案，具体包括保证金、运费补贴、数量折扣、返利等。优惠政策的目的是巩固、加强营销渠道，保持稳定的渠道客户资源。因此，出厂基准价是根本性价格，相关的规定和优惠政策是以此为基础的营销手段的具体化。另外，市场是动态变化的，价格也不能一成不变。产品的价格应该随着外部环境、利益相关者的反馈及内部竞争优势的变化而动态修正、调整。

通过访谈得到，出厂价的制定随着外部环境、产业发展历程的变化而变化。钢厂依据不同产品种类及不同市场特点，采取不同的定价策略。所有定价决策的一个核心问题是定价决策权；三个阶段的渠道权力持有状况和权力结构不同，对钢厂战略定价决策流程各个环节的影响亦有差异。因此，接下来的文本释义分为两个阶段：第一阶段为资源—依赖/权力差异—权力结构及渠道权力演变；第二阶段为不同的渠道权力结构/权力使用对"定价目标—定价方法/策略选择—价格方案—价格的执行/调整"各个环节的影响分析，以期剖析价格"倒挂"的真实原因及背后的定价机理。根据以上分析，构建后续文本研究的分析路线如图5-1所示。

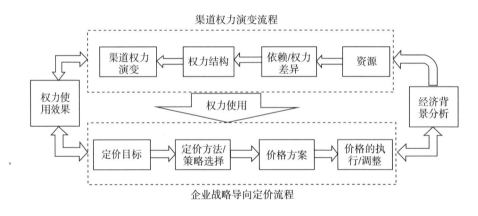

图5-1 嵌入渠道权力的企业战略导向定价决策分析框架

第三节 文本释义——渠道权力的演变

基于文本预处理划分的三个阶段，对钢铁营销渠道成员（钢厂和钢贸商）从所拥有的资源到依赖再到权力的演变历程进行剖析，最后得到不同阶段的权力结构状况。由于经济背景直接或间接影响甚至决定资源的稀缺性，因此，所有的分析均从经济背景开始，沿用"经济背景—资源状况—资源稀缺性/依赖—权力—权力结构"的分析路线。

一、迅速发展阶段渠道权力的演变历程

（一）经济背景分析

在经历了20世纪末的快速发展后，中国钢铁工业规模达到新高度，2007年中国钢铁产量占全球总产量36.4%，超过第二到第八的总和。在经济发展带来的巨大需求刺激下，钢铁价格一路飙升，全行业呈现有产量就能获利的状态。钢厂专注生产、忙于技术改进，具有明显的重生产轻营销的特点。与此同时，在钢铁流通领域中，以上海钢贸圈为代表的钢贸商组织，了解客户熟悉市场，凭借独特的运作方式和作业规律，为客户提供诚挚的服务，形成一定的钢贸产业规模，培育良好的商业信誉，累积稳定的客户资源；需求和客户信息方面具有明显优势。同时，丰厚的利润助推了原始积累，许多钢贸商具备钢贸环节所需要的雄厚资金实力、卓越的管理水平和经营能力，在钢铁流通领域具有一定的市场势力和独特地位。

（二）渠道权力分析

在迅速发展阶段，钢贸商和钢厂相互依赖，共创分工合作、共同盈利的和谐局面。对比而言，钢厂有产品（资源），钢贸商有资金、有营销渠道（市场/客户）资源，由于相互依赖，这个阶段的钢厂和钢贸商均具有一定的渠道权力；其中钢贸商依赖钢厂购进钢铁产品（资源）才能获利，因此，钢厂在奖励权和惩罚权方面占据优势。由于钢厂忙于追求产量而无暇营销，而钢贸商凭借对市场和客户的了解和累积，具有市场营销方面的奖励权和信息权优势。双方合理分工、各司其职、相互依赖，出现各自安好、共同盈利的繁荣景象。同时，由于钢厂产业集中度较低，在经济增长拉动下，大量的钢厂涌现，钢贸商选择区间较大。钢贸商产业集中度更低（资料显示：钢贸商曾经达到25万家）；合作关系比较松散。对比发现，迅速发展阶段的渠道权力结构是低度均衡状态。但钢贸商行使权力及获利的前提是能够获取钢铁产品（资源），因此，钢厂的产品（资源）比钢贸商的市场（资源）具有更高稀缺性，也造就了钢厂习惯性的"朝南坐"的强势姿态；由此，可以认为该阶段呈现略倾于钢厂的低度依赖的权力总体均衡。

（三）举例

钢贸商举例（浙江杭钢国贸有限公司，王先生）：那时（2000~2008年）钢材市场处于供不应求，他们（钢厂）只忙着（关注）生产。因为只要能生产出来就能赚钱。我们（钢贸商）帮他们卖到工地。卖工地比较麻烦，工地很难伺

候的，钢厂不愿意看人脸色；而且工地一般会欠着（货款），收钱也很麻烦；我们（钢贸商）有钱（赊账），也愿意去跑（为客户服务）。有钱赚嘛，那时货在（钢厂到仓库）路上一吨就涨一两百元。所以，那时跑得勤快，愿意"伺候"钢厂，跟钢厂打好关系才能拿货；再说，一些新建立的小钢厂，也比较好打交道，也愿意多去工地（市场）跑，吃吃喝喝（打好关系），关系都很铁的，后面好办事（销售和收款）。

钢厂举例（马钢（杭州）钢铁销售有限公司，马先生）：那几年（2000～2008年）肯定是赚钱的，产品好卖，所以加大马力开工；他们（钢贸商）排队求着我们拿货，所以好打交道，没事吃吃饭就定下来了，不像现在这样事多（要求多、不合作多、矛盾多）。所以，那几年我们不愿意自己卖，不划算（费时间、费精力、风险高）。

二、战略调整阶段渠道权力的演变历程

（一）经济背景分析

21世纪初，国内各项基础设施建设拉动了钢铁产品的需求，钢铁行业的利润和效益扶摇直上，于是，短期内涌现大量小钢厂和小钢贸商。2008年中国钢铁结束供不应求的阶段，随之，钢厂和钢贸商的"和谐"局面也被打破。为了缓解金融危机对中国经济的冲击，2009年政府实施了"四万亿"的激励计划，绝大多数用于钢铁相关产业，刺激了钢铁工业更加疯狂的无序扩张，供求矛盾更加突出，此时，面临销售不畅、库存高企、效益缩水等严峻局面，尤其是市场竞争进入"白热化"状态，钢厂开始加大钢铁产品的直销直供力度，不少钢厂在钢铁市场设立经销点，有的在各地建立销售分公司，与下游终端用户建立战略合作关系，向终端用户直接提供钢铁产品，以减少流通费用。然而，"四万亿"的一揽子计划也未能激励需求，却导致了资本市场对钢贸行业的冲击：大量的资本流进钢贸领域。没有足够钢铁贸易需求的钢贸业只能把大量的资金用于其他行业，包括投机行为；这为钢铁流通领域埋下非常大的隐患，直接导致2013年的钢贸危机①，一个被绝大多数的被访者提及的"里程碑"事件。钢贸危机的发生

---

① 2012年8月上海地区发生"中铁物流事件"，引燃了钢贸危机的全面爆发。银行、国有企业甚至民间资本将已到期贷款收回后不再续贷，导致钢贸商大面积出现资金链断裂；这次事件给钢贸行业带来了灾难性的打击。中国物流与采购联合会钢铁物流专业委员会数据显示，截至2018年初，上海有近70%、全国其他地区有近45%的钢铁贸易流通企业选择退出钢贸行业。

既是钢铁贸易领域中资金泡沫导致资金滥用后的必然结果，也是对钢铁流通领域的一种重新整改。钢贸危机后，许多钢贸商资金断链，举步维艰或直接退出，钢贸领域开启优胜劣汰之旅。

（二）渠道权力分析

该阶段一方面供给迅速膨胀，另一方面需求持续疲软；国家频频出台去产能、房地产收紧等政策。同时，原材料成本上升、钢铁价格持续下跌，钢铁企业陷入了微利甚至亏损状态；此时钢贸商的资源已经开始萎缩，资金优势削弱、客户资源大幅缩水。与此同时，随着 B2B 电商平台的不断发展和期货市场的不断完善，钢贸商在信息权方面的优势尽失。钢厂也在利润微薄的压力下，开始关注销售、攻坚市场、增加直销，同时加快在电商平台的销售和期货市场的交易；导致钢厂对钢贸商的依赖急速降低。综合而言，在供过于求、市场萎靡及期货市场和电商平台的发展等各项因素共同作用下，钢贸商所持有的客户资源、市场信息的优势急剧下降；钢厂自身的营销改革及信息获取的便利性的提高，同时导致钢贸商持有的资源稀缺性下降，钢厂对其依赖度大幅降低。另外，钢贸危机的发生，也让业界对钢贸企业的认可度降低，即认同权下降。综上所述，与钢厂相比，钢贸商的奖励权、信息权和认同权急速减少；对比而言，由于期货很少交割，钢厂对于钢贸商依然具有较多的奖励权（协议户/代理、返利）和惩罚权。两个方面共同作用导致钢铁营销渠道权力结构，在该阶段呈现出典型且严重的倾向于钢厂的失衡状态。

（三）举例

钢厂举例 1（鞍钢集团（杭州）销售有限公司，葛先生）：（战略调整阶段）没办法，货压在那里，压力很大；他们（贸易商）也不愿意进货；我们（尝试）做（直销），刚开始不行（收效甚微）。我们管理体制、决策机制、经营理念和营销模式等都跟市场不匹配，（终端）客户欠款（进货）、（服务）要求苛刻，我们钢厂的配套服务水平远远达不到工地的要求。后面好一点了，慢慢积累经验，现在直销比例高了；但小客户还是不行，得不偿失。（被问及有没有在期货市场销售）期货市场我们也卖，不多；但是从期货市场还有电商现货市场上，我们可以找到更多的市场和项目（市场）信息。

钢厂举例 2（安阳钢铁集团第四轧钢厂，李先生）：（战略调整阶段）他们（钢贸商）主要靠倒买倒卖赚钱，以前利润好，我们有肉吃，可以给他们喝汤；现在我们都很困难，他们还是原来那一套，肯定不行啊；再说，现在有销售

（B2B电商）平台，有期货市场，客户和市场信息灵通得多，所以，我们公司找自己的业务员去跑市场了。

钢贸商举例（浙江迦茂物资有限公司，顾先生）：他们钢厂不认可我们（钢贸商的市场作用），只是把我们当作一个融资工具。如果我们的保证金或者货款跟不上，肯定不能（协议）合作了。我们都会在年初签订订货协议，交保证金，在行情好时，钢厂频频涨价，并经常违反供货协议，减少给我们发货，这样行情就进一步上涨。在行情不好时，生产厂家则要求代理企业按照合同接货，否则威胁没收我们的保证金或取消代理资格。那段时间最难，躲过了那次事件（钢贸危机）不赚钱也得做啊；有些客户（建筑单位）做了很多年了，不能因为一时订单少就不合作了；做到（协议）量还是会有返利的。

三、战略升级阶段渠道权力的演变历程

（一）经济背景分析

钢铁工业经过供给侧改革、技术创新、去产能、兼并重组后，产业格局已经发生巨大变化。2015年钢铁行业经历真正的寒冬后触底反弹，产业集中度进一步提升，无竞争优势、不符合严格环境要求的企业已经淘汰出局，开启可持续内涵式发展的道路。钢贸商经过了2013年的钢贸危机及2014年、2015年全行业的大面积巨亏后，也将只会"搬砖头"、没有核心竞争力的企业淘汰出局，生存下来的是能够扎根市场、关注市场动向，掌握市场规律，精心谋划努力开拓市场，理性而稳健地经营企业、更好地服务客户并为客户创造新价值，具有核心竞争力和盈利性商业模式的钢贸商。

（二）渠道权力分析

该阶段，部分钢贸商在钢厂和最终客户之间搭建了桥梁和纽带，能够与钢厂精诚合作、服务客户。当钢铁市场呈现新状况、终端用户提出新请求、工程项目需求新品种、钢铁使用过程出现新问题时，这些钢贸商能够第一时间与钢厂沟通，传送信息，提出倡议，成为钢厂控制市场的"眼睛"。而对于钢厂而言，有些大型客户的需求以直销直供为主；但对于普通的常用钢铁产品，例如，建筑钢铁（如螺纹钢、线材等）、普通型钢、普板等，因为终端用户分散、型号凌乱、需求各异，批量较小、材料种类繁多、随机性很强，有时客户拖欠货款不还，所以不适合钢厂进行直销直供。从投入产出效益的角度来讲，这一类普通产品对零散客户的情况，适合钢贸商渠道销售，能够用较低的成本，满足用户的个性化需

求，实现更多的销售。另外，由于多年的营销积累，许多用钢单位（工地、建设单位等）都跟钢贸商签订长期战略合作协议来维持长期的合作关系。由此可见，此阶段的钢厂和钢贸商经历了产业改革后，各自的核心竞争力更突出，钢厂有产品、有技术、有信息；钢贸商有客户、有市场（资源）和钢厂不能具备的营销专长，且相互高度依赖，逐步从博弈冲突向竞争合作转变。钢厂具有奖励权、惩罚权、专家权、认同权、信息权、法定权，钢贸商也有奖励权、惩罚权（不进货或退出协议户等）、专家权（有营销专长）、信息权（客户市场信息）、法定权和认同权（钢厂开始认同钢贸商的价值）。综上可以判断，此阶段的钢厂和钢贸商开始由倾向于钢厂的权力失衡向高度依赖的权力均衡过渡。

（三）举例

钢贸商举例 1（杭州中淳钢铁有限公司，王先生）：以往钢厂都不太待见我们的，与我们对接的都是钢厂销售部的业务员，现在竟升级为销售部长。货物结算价格不合理可以直接向厂长反映，销售任务也可以与厂家协商，钢厂态度的大转变令我们很吃惊。不仅如此，钢厂补助也较原来有所增加。从各钢厂公布的明年的销售政策来看，钢厂普遍对贸易商继续释放积极信号。很多钢厂新增了区域优惠且力度不小，预付款优惠也较以前有所增加；沙钢的订货政策不仅新增了提前订货打款的优惠，还取消了"不按时履约不同程度扣除保证金"的条款。未完成计划的罚款或取消代理则越来越少，近两年几乎没有了。当前钢厂定价政策的转变，体现在计划量、放货量、补贴和奖励更加灵活，激发我们出货的积极性。

钢贸商举例 2（上海仕悦事业有限公司，李先生）：那段时间（2012 年 7 月前后），资金链断裂、企业倒闭、老板跑路；对钢铁流通的影响是银行"谈钢色变"，收紧了所有钢铁流通领域的信贷。逃过钢贸危机，又能抵挡过钢铁行业的低迷，坚持下来的钢贸商都有两把刷子，真正在做市场，为钢厂和客户服务，能提供"搬砖头"以外的增值服务。例如，我们提供的是加工、配送、仓储、物流等一条龙服务，每个环节我们都积累了好多年，经验肯定比钢厂多。能为客户提供更好的服务；我们的售后服务体系也非常健全，不是能简单复制过去的。另外，钢厂还是很难满足客户的事后付款，后面的收账（应收账款的管理）还是我们强一些。而且，我们公司的很多大客户都是长期合作，都签十几年的战略协议；因此，钢厂也是看重我们的。现在钢厂经常释放出的一系列（认同我们的）"和谐"信号，表示愿意跟我们合作。

第四节　文本释义——嵌入渠道权力的
战略定价决策流程

渠道成员 A 之所以对渠道成员 B 拥有渠道权力，是由于渠道成员 A 所拥有的资源，对渠道成员 B 而言，有用且稀缺，这是来自渠道成员 B 视角的判断。而渠道权力的使用效果，是渠道成员 A 行使渠道权力后，从渠道权力 B 的反馈得到的结果。拥有权力是使用权力的前提，但拥有并不等于使用，因此，本章分析渠道权力的使用及使用效果，即渠道权力在定价决策流程各个环节上的使用情况及其对定价决策的影响。

战略导向定价决策流程的第一环节是通过对钢铁外部环境的分析来预测市场价格未来的变化趋势。对市场价格科学准确的预测，能够帮助钢厂制定更加符合经济变动趋势、更加贴近市场行情的出厂价，可以减少价格"倒挂"，避免渠道冲突，促进钢铁行业的平稳运行。本书第四章对钢铁市场价格的影响因素和定价机制进行了实证分析。而本部分以渠道权力视角，分析渠道权力的变化对包括市场价预测在内的整个定价决策流程各个环节的影响。

中国的钢铁产业在理论上属于完全竞争市场，尤其对于产量大、差异性低的主流线材及螺纹钢而言。但定价在实践中，却存在具有区域价格风向标作用的主导钢厂制定出厂价，其他钢厂追随的现象。在任何有垄断势力存在的行业中，价格领导行为模式[1]都是一种常见的竞争行为方式。因此，本书的研究以主导厂商视角来分析嵌入渠道权力后钢厂战略导向定价流程的每一个环节的决策，通过对访谈文本的循环分析、深入挖掘，期望从渠道权力视角来发现钢铁产品的定价机制及营销渠道中存在的问题。

一、迅速发展阶段的定价决策

（一）市场价格、定价目标与定价方法／策略

21 世纪初，钢厂专注生产，追求产量，80%～90%的钢铁产品是通过（层

---

① 价格领导者模式是指整个行业以某个企业作为价格变动的领导者，由其先进行价格调整，而其他企业即"价格追随者"根据其行为而确定自己价格的行为方式（Bain，1960）。

层）钢贸商到达客户。价格是各自为政：钢厂制定出厂价，钢贸商在钢厂出厂价的基础上加成一定百分比利润销售。因此，钢贸商凭借雄厚的资金实力、丰富的渠道资源及相当规模的"前店后库"① 模式，充分地发挥了"蓄水池"的作用。外加区域性钢贸圈通常已形成联盟，群体关系紧密，交易行为容易达成一致②。正因如此，钢贸商通过控制库存来影响供给，进而影响钢铁产品的市场交易价格。综上分析发现，钢贸商对市场价格具有一定的影响力（价格话语权）。

迅速增长阶段，经济发展迅速，尤其是基础建设带动钢铁需求爆发，导致钢铁产品供不应求，价格持续上涨，因此只要产量足，就能获取高额利润。导致该阶段的钢厂是以增加产量、实现短期利润最大化为目标。在被访谈的 11 位钢厂相关人员被问及"你们在定价时考虑的因素及定价目标如何制定"时，除了其中一位回答不知道外，其他 10 位被访者均没有提到钢贸商，因此，我们认为钢厂定价目标的制定并没有受到权力结构的直接影响。该阶段钢厂出厂价的制定方法是成本加成法，即钢厂一般采用成本导向的成本加成法制定出厂基准价。

钢贸商举例 1（上海宝钢商贸有限公司，龚先生）：以前铁矿石价格低，钢铁产品价格高，厂家利润丰厚。在扩大产能又需要开拓渠道的情况下，很多钢厂给贸易商的产品价格比较低。同时，为了扶植销售渠道，采用先提货后结算的方式，一旦贸易商产生亏损，钢厂也能及时结算。

钢贸商举例 2（远大物产集团有限公司，杨先生）：以前市场我们各赚各的，不管钢厂怎么定价，我们直接在钢厂的出货价上加码；我们有仓库，资金也富裕，销量也好，所以，我们有时会把货存在仓库里，（钢贸）圈里都这样做，市场上货少了，价格会上去，我们再出货，可以赚更多。

钢厂举例（山钢股份济南分公司，陈先生）：定价一直以来都是简单的，尤其是以前（迅速增长阶段），会计部核算好成本，然后加上一部分利润就可以了。

（二）价格方案到价格的执行/调整

此阶段的出厂基准价就是成本加一定百分比的预期盈利；价格的优惠政策也相对简单：经销权、运费补贴、批量折扣等；对于钢贸商而言，只要能买到货就能卖出，获取利润。所以，钢贸商最看重的是钢厂的（协议/代理）奖励权。因

---

① 最初钢贸商是采用了前面经营店面、后面配备仓库的模式。

② 以上海钢贸圈为例，2000 年前后 70% 以上的钢贸商来自福建周宁地区，俗称周宁帮。他们的钢材交易额约占上海建筑钢材市场总批发额的 70%、零售额的 80%。他们靠老乡情、商会组织等连接起来，结成联盟。行动一致性高，对当时的钢材市场具有相当大的影响力。

此，价格执行与调整阻力小。价格的执行与调整跟出厂价的制定雷同，以主导厂商为风向标，其他的企业扮演跟随者。调整周期长，调价频率低，一般是季度定价。调整一般都是基于成本变动或者市场价格变动调整。当钢厂调价时，钢贸商做雷同操作，甚至趁机加大价差以获取更多的利润。虽然优惠政策简洁，相互依赖权力基本对等，但钢厂主要行使的是奖励权（折扣、补贴等）、专家权（产品资源、渠道市场优势）等，从而，渠道关系处于和谐阶段，渠道冲突事件鲜有发生。这也印证了已有的研究结论：非强制性权力的实施较强制性权力（处罚权）而言，不容易引起冲突。

钢厂举例（杭州钢铁集团公司，白先生）：（2008 年）销往各地的钢铁产品基本都是经过钢贸商的，公司没有那么多的时间和精力去搞客户。因此，我们会给予折扣，距离远的也给运费补贴。毕竟他们有耐心、有时间、有资金实力帮我们把货销售出去。有时成本上去了，我们往上调价，他们（钢贸商）也没有什么意见，因为，他们也直接加价再卖出去，说不定赚更多。

钢贸商举例（上海仕悦事业有限公司，李先生）：那时（迅速增长阶段）他们（钢厂）出厂价调整不像现在这么频繁，再说我们也不太在意钢厂的价格，反正不愁卖，他们调我们也跟着调就好了。关键是要能拿到货。

（三）渠道权力对战略定价流程的影响分析

迅速增长阶段的渠道权力结构属于略倾向于钢厂的低度依赖的总体均衡结构，由于行业处于迅速扩张时期，在巨大需求拉动下，钢厂和钢贸商的利润空间大。渠道权力对企业出厂价定价决策基本上没有太多显性影响，钢厂和钢贸商在定价问题上各自为政、共享利润、和谐共处。具体来讲，在此阶段，钢贸商对市场价格凭借资金实力和库存优势影响供给，因此，对市场价格具有一定的影响力。而钢厂在出厂价的制定方面扮演主导者和决定者的角色，在定价决策过程中，基本不考虑钢贸商的利益。但即便如此，钢贸商的利益在经济刺激下也能得到保障，因此，与钢厂的渠道关系和谐。

综上所述，在迅速增长阶段利好的经济背景下，钢厂可以通过产量来实现利润最大化的目标，在定价目标、定价方法等决策过程中较少行使渠道权力，主要在价格方案的优惠政策和执行/调整环节，较多地行使奖励权。渠道权力的使用效果处于从短期经济效益向中期合作的转化过程中。再次验证了与行使强制性权力相比，行使非强制性权力（尤其是奖励权），更有利于改善渠道关系、避免渠道冲突的主流观点。

二、战略调整阶段的定价决策

(一) 市场价格、定价目标与定价方法/策略

在战略调整阶段，钢贸商对钢铁产品市场价格的影响力在持续下降，原因有三个：①钢铁产品市场由供不应求转为供过于求，产品开始滞销，市场价格下跌，钢厂的盈利水平下降；于是逐步加大直供直销比例。②长材和螺纹钢期货的不断完善，B2B 电子交易市场的不断普及，产品、客户、价格等信息更加透明，市场价格形成机制更加完善。③由于价格持续下跌，增加库存可能就是减少盈利甚至增加亏损。同时，在钢贸出现危机后，大批钢贸商退出，联盟瓦解。信贷资金的收紧，对钢贸商的资金充裕度产生很大的影响。"蓄水池"作用对供给的影响难以发挥。因此，钢铁产品的市场价格逐步转变为由现货市场、期货市场和电子盘的市场力量共同决定。

定价目标由利润最大化转变为保本生存。由于该阶段的供过于求，钢铁价格持续下跌，面对萎靡不振的需求市场，钢贸商和钢厂的销售变得力不从心，对市场价格也有些无能为力。此时的钢厂，一方面要应对宏观政策去产能、增加环保投资、改进技术，成本上升；另一方面要加大直销力度，进行营销体制改革；但营销成效甚微。这正凸显了钢铁产品在一定程度上属于"刚需"而具有的价格弹性较小的特点。但由于钢铁工业固有的高沉没成本特征，钢厂进入到减产困难、继续生产亏损的两难境地。进退维谷间，钢厂多数选择继续生产，因此，该阶段的定价目标由利润最大化回归本源到保本生存、保住市场占有率、追求微利甚至减少亏损。

在定价方法的选择上，战略调整阶段伊始依然是成本导向的。由于行业环境恶劣，盈利水平持续下降，钢厂由成本加成转变为盈亏平衡法。但后来需求持续低迷，钢贸商开始减少订货甚至退出代理，即钢贸商行使其惩罚权；钢厂增加直销收效甚微时，开始采取降价促销等手段，即行使其奖励权，因此，此时的定价方法改为竞争导向的定价方法。但在定价策略的选择上，并没有跨越二元传统定价策略的障碍，定价思维依然停留在跟钢贸商"零和博弈"的层面。

钢厂举例（宁波钢铁有限公司，盛先生）：那时市场不好做，很多客户进货少了，又有很多钢贸商退出，所以，在定价时，会看市场行情和其他钢厂的定价情况，尽量保本，但有时为了能销售出去，减价甚至到亏损。

钢贸商举例（杭州中淳钢铁有限公司，王先生）：产品销售不出去，赚不到

钱甚至亏钱，许多（钢贸商）都不干了；钢厂也着急，降价。有一家（向下）调价，另一家也会跟着调的。调价频率也高的，但不是为了我们（钢贸商），有时我们提议说不赚钱，给我们降价，他们基本都是不理的。

（二）价格方案与价格执行/调整

战略调整阶段钢厂出厂价的参考基准开始向市场价格（期货价格、现货市场价格、电子盘价格）转移。与此同时，由于供需关系变化，钢铁价格持续下跌，钢铁流通领域的利润大幅下滑，资源和依赖性的变化带来的渠道权力变化，权力明显倾向于钢厂。对价格方案影响突出的是优惠政策方面，从表面上来看，"优惠迭出"：数量折扣、返利及运费补贴、单边锁价、双向锁价、不锁价售后结算、一单一议、价格补差、后结算；而实际上享受这些优惠均有条件：保证完成协议规定的（相对于是市场需求而言较高的）销售量，如果不能完成协议量则没收保证金。而且钢厂承诺过的补贴是事后补且经常不到位。因此，钢贸商对钢厂频频出台的"优惠政策"的反应也是毫无意外的冷淡。厂商矛盾激化，渠道冲突升级，最典型的例子便是绝大多数访谈者提到的"2013年3月杭州钢贸商联合抵制沙钢一事"①。厂商关系恶化，价格执行难度大，调整周期变短，调价频率变快，以月为周期调整为主，部分是半月调或旬调。这些显性渠道冲突的原因是渠道权力（结构）的失衡及强制性权力（没收保证金、补贴不到位、取消进货）等，这与已有研究的结论也是一致的。

钢贸商举例1（上海仕悦事业有限公司，李先生）：钢厂对我们（钢贸商）都很苛刻、霸道。一般情况下，钢厂和我们在每年初签订年度协议，要求我们先付几千万元的保证金；然后是每个月都有固定的销售量，月初就要把货款打给钢厂；价格嘛，一般是月初估值，月底还考虑市场的（价格）走势搞一个结算价。行情好时，钢厂压着货拖延时间，也不会按照约定的发货量足量给你（钢贸商）的，月底结算价会涨一些。当价格下跌时，钢厂是强制要求（钢贸商）按时足量来提货的，价格嘛，自然尽量靠前比（下跌前的价格）；如果完不成就罚款，那么严重时会取消代理资格。

钢贸商举例2（杭州瓯坤实业有限公司，谢先生）：钢厂出台了很多"优惠"

---

① 2013年2月1日沙钢上调出厂价加重价格"倒挂"，杭州多家钢贸商联合发布了一封《杭州沙钢经销商致沙钢的公开信》，对此，沙钢迅速回应下调3月中旬出厂价格并称对完成计划量的钢贸商进行补贴，但钢贸商声称补贴并不能弥补价差并再次联合发布第二封公开信，称继续停止沙钢进货，这次沙钢并没有给出回应，访谈中有被访者提到先前宣称的补贴也未到位。

政策，但对我们吸引力不大；因为他们要求的（销售量）太大，达不到就拿不到优惠，有时还扣保证金。钢厂的人太霸道，他们可以不遵守协议的，遇到钢铁涨价时，他们（钢厂）往往捂盘惜售，但当钢价下跌时，他们又会大量向我们（钢贸商）强推（抛售），逼着我们提货；这样我们出货价（市场价）比拿货价（出厂价）还低。我们不进货会取消我们的代理资格，有时扣我们的保证金；返利也不能保证按时按量到位的。我们太困难了，（战略调整阶段）不像以前那时好赚钱；我们很多同行就（退出）走了。（被问及为什么不跟钢厂沟通时）答：没用，闹也没用。一家更不用说，你看他们（杭州的钢贸商）联合起来去沙钢闹，说是补差价，最后只补了一点，就不了了之了。

钢厂举例（宝钢集团钢铁销售有限公司，李先生）：我们动辄几个亿花出去改善技术、减少排污，政府一个文件我们就减产，停炉，他们什么也不干（不认可，钢贸商没有认同权），凭什么分蛋糕？吃肉是不可能的，汤也不想给。他们以前求着我们拿货，对价格什么意见也没有。现在不赚钱了，就天天喊着让我降低价来提货，我们是不答应的。我们也有困难。

（三）渠道权力对战略定价流程的影响

钢铁产业供过于求、产业政策趋紧等因素，迫使钢厂和钢贸商的资源持有、资源稀缺性、依赖程度等发生了倾斜，渠道权力从第一阶段的低度依赖的均衡结构变成倾向于钢厂的非对称结构。钢贸商也失去了对市场价格的影响力。钢厂的定价目标从成本加成到盈亏平衡法，再到竞争导向转移。此阶段，行业环境变差，盈利困难，钢厂凭借在渠道权力上的优势，态度强势，在定价决策过程中，频频使用惩罚权。传统二元制定价策略的局限性凸显，钢厂跟钢贸商是"零和博弈"的思维，导致定价决策时，将钢厂和钢贸商分属于对立面。在需求疲软、行业利润微薄的行业背景下，钢厂和钢贸商本该抱团取暖、共渡难关。钢厂在此阶段经历改革和蜕变，而许多钢贸商还在原地踏步，依然想要依靠"搬砖头"赚差价。因此，权力占优的钢厂在价格方案尤其是制定优惠政策时，利己内因驱使，增加诸多对钢贸商具有惩罚权的附属条件，造成了价格执行和调整过程的难度加大。此时，奖励权难以展现，惩罚权行使较多，这引起钢贸商的"反抗"，渠道冲突频发，渠道关系进入最紧张的阶段。

三、战略升级阶段的定价决策

(一) 市场价格、定价目标与定价方法/策略

在经历了2012年的钢贸危机和2013年的杭州钢贸商联合抵制沙钢事件后，厂商关系并没有迅速缓和。但这两次事件的发生，让钢贸商经历了一次严酷的筛选。据统计，全国钢贸商的数量从2008年鼎盛时期的25万家减少到2016年的10万家左右，并估计至2018年底减至8万家。因此，进入战略升级阶段的钢厂和钢贸商都是经历了钢铁产业的改革洗礼。按照访谈者的说法：都是有两把刷子（资源、有竞争力）的。钢铁产业在2015年触底之后，需求缓慢增加，产业处于微利阶段，价格起伏波动。但随着钢铁产品金融化的不断深入，钢厂尝试营销改革，钢贸商经营模式从简单的"搬砖头—赚差价"转变为提供增值服务获益。在国家政策宏观调控下，钢厂和钢贸商不断深化改革，钢铁产业逐渐步入正轨，市场机制不断完善。市场价格完全由市场主导，钢厂和钢贸商成为市场价格的接收者。同时，经过不断创新，钢厂和钢贸商逐渐形成并巩固了自己的核心竞争力，形成了优势互补、相互依赖、合作共赢的态势。

在该阶段，钢厂的定价目标是获取竞争优势、保持/增加市场占有率，终极目标是可持续发展。由此决定的定价方法主要是竞争导向的：期货定价+套期保值、动态的差异化定价并开始向顾客导向的定价方法转变。针对不同的直销客户和钢贸商，采用差异化的定价策略。突破传统的二元制定价策略，向下游客户延伸：充分考虑钢贸商和下游消费者的承受能力。部分有影响力的钢厂（如杭州地区业内声誉较高的沙钢和中天等）与部分信誉好、有实力、有资源的钢贸商签订战略协议，保持长期战略合作关系，因此，定价策略开始转向关系导向，即定价时会跟钢贸商开协商会议，考虑钢贸商的承受能力、盈利区间等。

钢厂举例（莱钢集团青岛分公司，崔先生）：企业肯定是要追求利润的。我们定价时会召集我们区域里所有核心客户（包括钢贸商）开会，在这种状况下，你告诉我你的资金成本、你的人工费用和合理的利润是多少，然后你只需要跟我一体化运作，然后完成基本销量，按照指导销价，完成销量就可以了，我是钢厂，我绝对不做强势的钢厂，我会保你有一个合理的收益和利润。我们有一些长期客户，包括大型的用钢单位，也有实力比较强的钢贸商，我们是签署战略合作协议的，后期我们希望能达成战略联盟。

钢贸商举例（远大物产集团有限公司，杨先生）：市场行情不好，期货也发

展了。钢厂和我们都关注期货和电商，拿货价肯定跟着行情走。必要时我们会利用期货市场规避风险。现在钢厂跟钢贸商都是战略合作关系。他们定价肯定要考虑我们的承受能力。不然制定出的价格我们没有利润，钢材卖不出，对钢厂影响也很大。

（二）价格方案和价格执行/调整

在该阶段钢厂基本是按照期货市场制定出厂基准价。优惠条件/政策种类和形式呈现多样化：根据市场情况和地域特点，给予一定的运费补贴，以增强该产品在该地区的竞争力；针对价格波动及价格"倒挂"问题增加保值销售的商业承诺；一些钢厂除了降低年度保证金之外，还给予钢贸商缩短返利周期、增设批量订货、增加年底返利等优惠。不同于第二阶段，该阶段的优惠政策并没有太多的附加条件，价格的执行和调整阻力小，易实施。同样，非强制性权力使用较多，强制性权力（惩罚权）使用较少，使渠道关系趋于缓和。甚至很多钢厂跟大型的钢贸商建立了战略合作关系。即使在价格"倒挂"时，钢贸商依然会积极分销，因为如同有些钢贸商所言：钢厂会给我们返利的，长期来讲（价格"倒挂"导致）亏损不存在的。调价周期上变为不固定，多数企业根据市场环境，随时调整价格增加了灵活性，体现定价策略的动态化，克服了价格黏性带来的弊端。但调价周期不固定并不等同于调价频率提高，毕竟钢铁生产周期厂、固定成本占比高，调价太频繁不利于控制成本，也会加大营销管理的难度。

钢厂举例（杭州尚兴钢铁有限公司，杨先生）：整个行业利润空间小，流通商（钢贸商）生意不好做，不赚钱时心态不好，埋怨心理肯定是有的。当然，短时间的价格"倒挂"，可能让贸易商遭受了一定的损失，但长时间的损失是不会有的，因为钢厂对他们都有补贴和价格追溯，在价格上设置了一个"止亏阀"。我们调价时要考虑钢贸商的承受能力；如果提高价格钢贸商没得赚，那么贸易商肯定会减少订货量，使钢厂库存继续增加；但盲目降价则可能会引发市场恐慌情绪，贸易商跟风抛货，使市场价格进一步下滑。所以，我们调价时很谨慎，要考虑钢贸商的反应。

钢厂举例（河钢集团宣钢分公司，陈先生）：我们会参考期货和（电商）现货，通过下调和补贴，使钢贸商从钢厂订货的价格同现货市场销售价格接近。最近，钢厂给予钢贸商让利幅度较大。钢厂除了降低年度保证金之外，给他们（钢贸商）返利周期缩短、增设批量订货优惠、增加年底返利等优惠措施。例如，不仅取消钢贸商的"保证金"规定，而且对钢贸商进行订货量的季度考核，完成即可享受 80 元/吨的返利。此外，还采取了批量优惠的措施，将客户分为"零星客户""一般客户"和"重点客户"三档，其中除"零星客户"不给于无任何优惠外，对"一般客户"和"重点客户"均给予优惠，"重点客户"优惠价格比"一般客户"多 30~100 元/吨不等。目的是让钢贸商成为"重点客户"，从而扩大钢厂的销售渠道。

（三）渠道权力对战略定价流程的影响

在艰难的经济环境下，钢铁行业坚定不移地遵守控制钢铁产量、调整品种结构、加快转型升级的总体政策导向，不断降低社会库存，为完善钢铁产品的市场机制创造新的环境。随着市场机制的深入，越来越多的行业人士达成了共识：维护厂商之间互利共赢的合作关系，维持钢铁营销渠道的畅通，是钢铁市场健康发展的"硬道理"。在此阶段，没有"资源"、不被依赖的企业淘汰出局，生存下来的钢厂和钢贸商培育和增强了各自的核心稀缺"资源"，相互依赖程度提高，权力结构进入高度依赖的均衡状态。

随着现货市场、B2B 电子交易市场、期货市场的不断完善，钢铁产品的市场价格完全由市场决定。钢厂和钢贸商均为市场价的被动接收者。而渠道权力对定价方法和定价策略方面的影响体现为：由于相互依赖，因此，定价方法开始向客户（钢贸商）导向转移；定价策略也突破传统二元制"零和博弈"的弊端，向超二元向下延伸的策略转变。上述转变通过渠道权力结构来实现渠道权力对定价决策的间接影响。价格优惠政策和价格的执行/调整环节，则体现在钢厂行使奖励权和减少使用惩罚权的直接影响。综上所述，在战略升级阶段，钢厂和钢贸商使用更多的奖励权，并减少惩罚权的行使，权力的使用效果开始由上一阶段的冲突向长期的信任、合作和承诺转换。

第五节　本章小结

一、渠道权力汇总

渠道权力及渠道关系并不是一成不变的，研究渠道权力动态性的代表是营销学专家唐·E. 舒尔茨（2001）提出的渠道对角线（Marketing Diagonal）理论（杨慧，2002)，是指随着贸易商专长的不断累积及策略性客户的增多，权力开始从制造商向贸易商及客户的转移。对于钢厂跟钢贸商之间的权力，随着经济环境的不断变化及钢厂和钢贸商的改革升级，渠道权力也是动态变化的。表5-4 对三个阶段的渠道权力探索性分析结果进行了汇总。

表 5-4　钢厂与钢贸商不同阶段的渠道权力汇总

		奖励权	惩罚权	法定权	认同权	专家权	信息权	总体状况	渠道结构
迅速发展阶段	钢厂	多	多	—	一般	一般	少	代理奖励权占绝对优势	略倾向于钢厂低度依赖均衡
	钢贸商	少	少	—	一般	多	多	客户市场奖励权占优	
战略调整阶段	钢厂	多	多	—	少	一般	少	权力减少	倾向于钢厂的失衡
	钢贸商	少	少	—	少	一般	少	权力锐减	
战略升级阶段	钢厂	多	多	一般	多	多	少	权力增加	向高度依赖均衡转变
	钢贸商	多	多	一般	多	多	少	权力增加	
权力变化	钢厂	一直多	一直多	—	变多	变多	一直少	变多	低度依赖均衡到失衡再到高度依赖均衡
	钢贸商	变多	变多	—	变多	变多	变少	曲线变化	

从前面的分析可以看出，钢厂和钢贸商的渠道权力相互影响、动态变化。其中，由于营销对象是钢铁产品，而钢铁产品由钢厂生产，因此，钢厂在所有阶段都具有先天的产品资源带来的奖励权优势。只是随着经济的发展及金融化的普及，资源稀缺性发生变化，使由钢铁产品带来的奖励权呈现一定的动态性。由于奖励权的撤回就是一种惩罚权，因此，惩罚权也是相应动态变化的。对于钢贸商而言，拥有的渠道权力主要包括市场/客户方面的营销服务专长等资源赋予的奖励权和有关市场和客户的信息权；奖励权随着钢厂直销力度的加大、B2B 电商平台的兴起、需求状况的变化呈现由多变少再回弹的动态演变趋势；而信息权则是随着信息化技术不断进步和获取技术便利性增强而持续减弱。钢厂和钢贸商的权力结构也经历了从略倾向于钢厂的低度依赖的总体均衡，到倾向于钢厂的失衡，再到高度依赖的均衡的动态演变过程。

二、有关定价决策的发现

价格表象上体现物与物的交换数量关系，而事实上，价格表达的是买方与卖方之间的交易关系，价格的决定因素不仅包括成本和供需关系，交易主体的权力在价格确定的过程中起关键性作用。因此，商品或服务的均衡仅是交易关系的一种表面现象，权力才是交易的根本决定因素。由此可以看出，价格不仅是供需曲线上的均衡解，也是交易双方权力博弈的均衡解（刘玉红等，2011）；或者商品的交易是产权的交易，是在产权基础上的物的交易，商品交易中物的量比——价格，实质上也是产权转让过程中权力价值的代价比。因此，价格更多地体现交易博弈中权力强势一方的意愿，强势一方利用这种权力通过制定更利己的价格获得更大的市场利益，而市场机制掩盖了这种利益分配的不公平性。因而渠道成员会极力扩大自己的权力，追求对市场的控制并保证其在市场中长期生存才是一个理性主体的最佳选择。正如 Galbraith（1992）所言，现代人/组织的经济行为不仅是一种对财富/利润的追求，也是一种对权力的追求。本章就渠道权力对定价决策的影响进行了分析，汇总见表5-5所示。

表5-5 渠道权力对定价决策的影响

权力结构	市场价格	定价目标	定价方法/策略	价格方案		价格执行/调整	权力使用效果
				基准价	优惠政策		
低度依赖均衡	钢贸商有一定影响力	利润最大化	成本加成法为主；钢厂和钢贸商各自定价	成本加成	批量、较小	阻力小；调整频率低；季度为主	短期的经济效益为主、屈从为辅
倾向于钢厂的失衡	市场机制	生存/保全低利润	竞争导向向客户导向转变；传统二元制零和博弈	现货市场主导	保证金、协议价、批量优惠等	执行困难，调整频率提高，月度为主	中期的冲突为主、合作为辅
向高度依赖均衡转变	期货市场、现货市场等共同决定	竞争优势	关系导向；期货定价+套期保值；动态的差异化定价	期货价格/现货价格/电子盘价格	保量保价；提前付款、锁定价格等	执行阻力小，调整频率高，随时调整为主	冲突和合作并重；开始向信任、承诺转移

（一）从不同价格类型视角

1. 对钢铁产品市场价格的影响演变

在迅速发展阶段，钢贸商凭借其资金优势和客户/市场资源，通过库存来影响供给，进而影响市场交易价格。但进入战略调整阶段，随着供求状况的转变，价格持续下跌，钢贸商只能维持低位库存；另外，随着钢铁市场的持续低迷及螺纹钢和线材期货的不断流行，钢铁产品市场价的定价机制开始向期货定价模式转变。尤其是钢贸危机发生，钢贸行业的资金断链，库存和资金的优势尽失，钢贸商对市场价格的影响力也逐渐减弱直至消失。在这个过程中，钢贸商从对市场交易价格由一定的影响力（定价权）转变为完全竞争市场中的价格接收者。引发这种转变的深层次原因有两个：①在迅速发展阶段，经过钢贸商渠道的钢铁贸易量在钢铁总贸易量的占比高，地区性集聚比较明显，营销渠道的网络密度①大，最具有代表性的是上海周宁帮，钢贸商呈现一定程度上的结盟，行为决策的一致性会积少成多累积对供求的影响；②在迅速发展阶段，钢贸商具有充裕的资金和仓储资源，在价格上涨期，持有库存可以获取更多的价差和利润，使库存占比总供给提高，改变库存就能影响供给，最后实现对价格的影响。而迅速增长阶段的钢厂专注生产，主要是通过产量间接隐性影响市场价格，但由于钢铁产业集中度低下，市场结构接近完全竞争市场，因此，对市场价格的影响力微乎其微。在访谈中，也有被访者提到，当价格下跌时，曾经有大型主导型钢厂试图通过反向提价来改变市场行情，结果均为徒劳。进入战略升级阶段，期货市场更加普及和完善，B2B 电商平台的使用率逐步提高，信息更透明，市场价格更是由期货市场、电子盘和电商现货市场共同决定，钢厂和钢贸商均为价格的完全接收者。

2. 对钢铁产品出厂价格的影响演变

钢铁产品出厂价格的定价模式一直是由钢厂来主导。但随着经济发展、行业变革及钢铁营销渠道的演变，营销渠道权力结构是动态变化的，渠道权力对出厂价格尤其是价格方案/优惠政策及价格执行/调整的影响亦是动态变化的。迅速增长阶段的出厂价格完全由钢厂决定，采用成本加成的定价方法，钢贸商基本不参与，也没有话语权。但进入战略调整阶段，经济形势和渠道权力发生变化，出厂基准价格的参考依据由原来的现货市场价格转变为期货价格再到战略升级阶段的电子盘价格、电商平台价格和期货价格构成的价格体系；价格优惠政策从迅速增长阶段的类型少、形式简单，到战略调整阶段带有条件（惩罚权）的多种优惠

---

① 网络密度是指网络中所有成员之间的实际联系与其所展示的所有可能存在的联系数量的比率，一个网络中成员之间实际联系的数量越是接近总的可能数量，网络的密度就越大。网络密度反映了该网络内聚性程度（张闯，2015）。

政策，再到战略升级阶段的不带附加（惩罚）条件的各项优惠政策。钢厂从迅速增长阶段的主要行使（协议户）奖励权，到战略调整阶段协议合同义务（法定权相关内容）的不作为、奖励权的不执行及扣留保证金等惩罚权的行使，这些都给价格的执行和调整带来阻力。而钢贸商从迅速增长阶段协助钢厂完成销售，赚取差价利润，到战略调整阶段取消订货、延期打款、退出协议户行业等行使惩罚权，再到战略升级阶段跟钢厂和客户建立联盟，积极销售，对价格方案、价格的执行/调整均产生影响。由此可以看出，在不同的阶段，钢贸商和钢厂行使渠道权力，尤其是行使惩罚权，对出厂价定价机制产生了不同的影响。

（二）从渠道权力对定价流程影响差异视角

1. 渠道权力对定价决策影响路径存在差异

渠道权力对定价决策的影响方式或影响路径不同。钢厂或钢贸商在定价流程某个环节直接行使渠道权力，会对定价决策产生直接影响。而有的是通过权力对比后，由于权力总体占优，在定价决策时产生间接影响。对比本章第三节和第四节发现，钢厂和钢贸商所拥有的渠道权力，在战略定价流程的每个环节的行使和影响是不同的，关于市场价格影响已完成分析。通过对定价决策流程中出厂价定价机制部分分析发现：渠道成员会在价格方案设置，尤其优惠政策及价格的执行/调整环节行使渠道权力，以奖励权和处罚权为典型代表；即渠道权力中的奖励权和处罚权会在后续两个环节对定价机制产生直接影响；而专家权、信息权等这些权力不会像奖励权和处罚权一样产生直接影响，而是通过综合形成的渠道权力结构对出厂价形成机制产生间接的影响。例如，战略调整阶段，由于渠道权力倾向于钢厂，因此，钢厂在定价机制的定价策略、价格政策时会附带"霸王条款"。

2. 渠道权力对定价决策流程的不同环节影响存在差异

三个阶段渠道权力类型结构不同，权力的使用在定价流程的不同环节也有差异，导致渠道权力的使用效果也不同。

在迅速增长阶段，外界环境利好的情况下，钢厂和钢贸商的定价目标是短期的利润最大化，定价方式是各自为政的，定价方法是成本导向，定价策略也是局限在二元制框架内，优惠政策较少，调整频率较低，此阶段的钢厂和钢贸商之间属于低度依赖关系，因此，渠道权力对定价的影响是微弱的、隐性的。尤其是在钢厂看来，他们的渠道关系是松散的交易型。钢贸商担心失去钢厂的货源而小心翼翼，但实际上钢厂很少行使惩罚权，因此渠道成员之间的关系是"和谐"的。

但进入战略调整阶段和战略升级阶段，渠道权力对定价决策的影响就开始显性化，尤其是对定价方案的优惠政策及价格执行和调整方面，奖励权和惩罚权突出。例如，当战略调整阶段时，在利润微薄的压力下，钢厂凭借其权力优势，在定价决策时极少考虑钢贸商的利润空间：惩罚性权力凸显且使用频繁，例如，钢厂扣除钢贸商的保证金，差价补贴也不到位；甚至无视对方的法定权，屡次破坏协议规定，经常出现不按时发货等行为，激化厂商矛盾，导致渠道冲突频发。但钢厂凭借渠道权力占优，在定价决策时侵占钢贸商利益来保障自身利益；这既是表象，也是一种短视行为。透过现象看本质，这是行业处于新形势下的钢铁定价机制问题导致。从企业长远的战略视角来看，企业不应该凭借一时的权力优势，去破坏整个行业的正常运转。已有研究表明，渠道合作才是实现渠道利益最大化的优选。因此，战略升级阶段钢厂和钢贸商使用奖励权增加，惩罚权减少；渠道关系也开始从冲突转向合作、信任。

第六章　拓展讨论及管理启示

本书第四章分析钢铁产品市场价格的形成机制，第五章分析钢铁流通领域中钢厂和钢贸商的渠道权力的持有情况及渠道权力结构，然后从渠道权力视角剖析钢厂定价决策过程，研究钢铁产品出厂价格的定价机制。在对文本进行解析的过程中，还发现了钢铁流通领域存在的问题。因此，本章对研究问题及文本进行拓展讨论，剖析钢铁流通领域及价格方面的问题，并针对问题提出对策建议。

第一节　钢铁流通领域的两个基本特征

近年来，在对访谈材料进行文本分析时，发现在钢铁流通领域有两个明显的变化特征：信息化和金融化的普及和深化。接下来就这两个基本特征从对钢铁流通领域的影响和对钢铁产品定价机制的影响两个层面进行分析。

一、信息化及其影响

信息化的不断深入主要归功于信息化平台的迅速发展，钢铁领域信息化平台主要有两类：纯资讯类信息平台和具有交易功能的 B2B 电商平台。后者一般都具有前者的功能；前者也通常会发展为后者。

（一）信息化对信息权的影响

信息化对流通领域的直接影响是减少信息不对称，在整个钢铁流通过程中能起到疏导作用，改善渠道成员对资源的配置效率，促进产业链的可持续发展。B2B 电商平台的发展加速了有用信息的传播，提高了信息的丰富程度、获取便利程度及时效性，因此，显著降低了钢贸商的信息权。无论有无实际线上交易，钢厂和钢贸商均可通过电商平台实现用户对产品销售意见和新产品需求的反馈。钢厂通过 B2B 电商平台获取新产品需求信息，可缩短产品的研发周期，提高创新能力。另外，具有交易性质的 B2B 电商平台除了具有资讯平台的功能外，还为钢厂增添了一条新的营销渠道。部分电商平台融合互联网、大数据、云计算等技术，紧密连接上下游企业，减少流通环节，降低交易成本；完善钢铁流通领域中的现货交易、银行金融结算、物流服务及实时监控各类附加服务，为客户提供个性化、全方位、一站式的供应链集成服务；实现钢铁供应链管理所追求的商流、物流、信息流和资金流"四流合一"。

由此可见，以 B2B 电商平台发展为标志的信息化对钢厂和钢贸商都产生了一定的影响。首先，极大地削弱了钢贸商的信息权；其次，有用信息可得性和时效性的提高，对钢厂的生产、销售和定价等决策都会产生积极的影响；最后，B2B 电商平台为钢铁贸易开辟新的营销渠道，钢铁交易平台化将成为钢铁贸易的发展趋势。鉴于此，引申出与本书高度相关的一个问题：钢贸商是否还有存在的意义？即钢厂还需要依赖钢贸商来销售钢铁产品吗？这是一个原则性问题，如果答案是否定的，本书研究的价格"倒挂"问题也就失去了支撑。访谈文本分析结果显示：在新形势下，钢厂和钢贸商之间相互依赖。钢厂需要钢贸商参与营销，但未来趋势是没有核心竞争力的低端贸易商被淘汰，散户的比例减小，钢贸商的市场集中度大幅提高。接下来从中介的视角来分析该问题。

（二）钢贸商是否还有存在的意义

传统市场中介（或交易中介）是一个专门从生产厂商处购买商品然后转卖给买家或为生产者和消费者提供平台并促成交易的经济中介（Spulber，1996），由此可以看出，市场中介有两个方面的功能：供给方与需求方之间的信息匹配和间接买卖（孙泽生，2011）。面对市场中介的多样性，Hackett（1992）根据市场中介功能将其分为两种类型：一是为买卖双方服务并赚取佣金的合同中介（Contract Intermediation），它不拥有商品的所有权；二是在一定时间内拥有商品并承担有关交易风险，以获取买卖价差为目标的贸易中介（Trade Intermediation）。一般而言，合同中介由于不持有商品所有权，主要依靠信息和市场技能帮助买卖双方达成协议实现交易，因此，获得佣金是主要利润来源。而贸易中介通过低价买进高价卖出、承担市场风险来获取价差收益。在具备规模经济效应时，贸易中介的主要表现形式是独立实体的贸易公司。贸易公司由于信息不对称或机会主义行为可能向生产者/消费者渗透或一体化，以稳定和扩大利润（Jones，2000）。

1. 钢铁 B2B 电商平台

随着盈利模式的探索，钢铁 B2B 电商平台大多退出自营业务，转向通过提供信息匹配服务、金融服务、物流配送服务等来收取服务费的形式，属于合同中介。据中国物流与采购联合会大宗商品交易市场流通分会（以下简称"中物联"）不完全统计，截至 2017 年底，我国大宗商品电子类交易平台共计 1969 家，同比增长 60.0%，实物交易规模超过 30 万亿元。钢铁 B2B 电商对钢厂的定价模式、生产经营模式将产生巨大的影响，甚至会颠覆整个产业链。搜索交易伙伴是企业开展营销贸易流程中的首要环节。B2B 电商平台让搜索成本得到极大降低，搜索效率得以极大提升。企业搜索成本降低对企业的交易行为将产生两种效应：进入效应和匹配效应。进入效应促使更多企业进入市场参与交易；匹配效应促使企业持续搜寻最优的交易伙伴。企业进入市场的"摩擦力"减少，激发更多企业进入（李治文等，2018）。B2B 电商平台还在压缩贸易环节、降低交易成本、提供资信服务、打开融资渠道、完善金融物流服务、提高操作效率等方面具有明显的优势，甚至不可替代。B2B 电商平台通过提高效率和降低库存产生成本降低效应，还通过提高流通效率对整个产业链产生传导联动效应，同时借助平台的信息化加快有用信息的流通产生订单效应。

2. 钢贸商

传统钢贸商是向钢厂[①]买入商品然后再向买家卖出商品，通过低买高卖赚取利润，按照 Hackett（1992）对市场中介的分类属于贸易中介。钢贸商的出现是历史的必然，对钢铁行业的发展起到了巨大的推动作用。B2B 电商平台作为一种新型组织信息系统，是一种新技术手段支撑的中介组织，很多学者研究其对传统贸易中介的影响（Sarkar et al.，1995），产生了争论和不同的学术观点。Philip 和 Erin（2002）认为，信息化技术的普遍使用和不断升级，在很大程度上提高了信息的透明度；有很多生产企业越过中介商直接与消费者在电商平台上交易，从而出现"去中介化"现象。但 Y. Bakos（1998）认为，虽然电商平台的出现和迅速发展，由于更有效率能够提供传统贸易商提供的同类服务，致使中介部分消失，但不会完全替代。传统钢贸商会继续存在的原因如下：首先，在 B2B 电商平台上交易，可以大幅降低交易成本、提高交易效率，但钢贸商的交易费用也

---

① 钢贸商有多层，因此，钢贸商订货可能从钢厂订货，也可能从上级钢贸商处订货。本书的分析主要针对从钢厂进货的钢贸商，即一级贸易商。

有极大的降低空间。其次，电商平台上的大数据信息有待继续挖掘，在处理产品质量风险的控制和客户的特殊需求时，传统贸易中介更擅长控制风险并提供个性化的服务（胡宏力，2011）。B2B电商的出现会促进传统贸易商功能的转化和升级，传统功能被弱化，新的功能方向是不断降低交易成本，同时为客户提供特殊化的细节服务（钟本章，2015）。由此可见，传统贸易中介——钢贸商会精简，去劣存优；而合同中介——B2B电商平台，因为能降低交易成本，提供更有交易效率的中介服务而存在并发展下去。并且钢贸商也可通过B2B电商平台进行交易。

本书第五章对战略升级阶段的访谈文本分析也有同样的结论，部分钢贸商与上游钢铁生产企业和下游钢铁产品消费企业建立了长期稳固的合作关系。长期合作建立的信任会降低交易成本，还能更好地提供针对性的个性化服务。另外，钢贸商属于贸易中介，通过对钢铁价格的趋势判断，买进卖出的操作，直接目的是企业获利，间接影响是在整个产业链中起到调节供需、平缓价格波动的作用。钢贸行业会受到电商平台出现等产业链升级的影响，优胜劣汰，但具有核心竞争力的钢贸商能为钢厂和客户提供创造价值的服务，因此，属于钢铁流通领域不可或缺的组成部分，短期内不会消失。

（三）信息化对钢铁定价机制的影响

信息化的普及和信息技术的不断升级，对钢铁贸易产生了极大的冲击，从渠道权力视角体现为钢贸商信息权的弱化。这种弱化不是指钢贸商信息获取途径或数量方面的绝对弱化，而是由于所有贸易关联方，尤其是钢厂信息资源的获取更便捷、更及时，导致信息资源的稀缺性极大降低，钢厂对钢贸商在信息方面的依赖减少。在该问题的表象上，就如同本书作者在初涉钢铁定价研究时，许多相关从业人员所讲的那般：电商平台对钢铁产品的定价没有影响，只是将线下的贸易挪到线上走流程。然而实际情况并非如此，通过营销渠道成员信息权的相对变化而影响权力结构，从而间接影响定价决策。正是由于需求、市场和价格的信息更透明、更便捷，加快了市场体制改革的步伐，提高了市场的竞争激烈程度，致使钢厂的定价调整频率更高、定价方法和定价策略更加倾向于顾客导向，使钢铁产品的定价机制更加市场化。

二、金融化及其影响

钢铁产品市场除了现货市场之外，还有金融期货市场和电子盘交易市场。电子盘也被称为现货远期，属于准期货。期货的特点就是产品可以完全买空卖空，而现货远期介于现货和期货之间，是以订单为基础的，可以订单在前，生产在后，但产品是有生产能力保障的。钢铁产品期货和电子盘凸显了钢铁产品的金融属性。随着电子盘市场的发展及螺纹钢期货的不断完善，钢铁产品的金融化不断深入和升级。

（一）钢铁金融化及其对钢铁流通领域的影响

钢铁产品的金融化，给钢铁流通领域带来的直接影响便是交易市场的拓展。对于钢厂来讲，由于可以参与期货交易，因此可通过期货市场和现货市场的搭配更好地优化生产计划，进行套期保值，规避市场风险。对于钢贸商来讲，增添钢铁产品货源渠道，同样可以通过套期保值来降低库存、优化营销计划，规避价格风险。因此，期货市场与电子盘市场的完善，能够调节供需，激活钢铁市场的流动性，改善钢铁流通效率。

值得注意的是，正如第二章第三节所介绍的，钢铁产品金融属性的存在，使它既可以是规避风险的工具，也可以用来投机。例如，国际炒家，把巨额资金注入铁矿石、钢铁等期货市场进行短期的炒作，作为套利、保值的金融工具，这在一定程度上加大了操纵带来的风险，这是近年来钢铁行业最明显的变化之一。

（二）金融化对钢铁定价机制的影响

随着金融化的普及和钢铁期货市场的不断完善，钢铁产品价格的影响因素及定价机制已经发生了根本性的变化。金融化对产品的定价机制带来巨大冲击，价格不仅由商品的供需关系决定，而且也更加遵循一些金融产品的规律。在理论上，期货定价是定价机制的最高形式，尤其对于资源性大宗商品，如铁矿石、钢铁、石油等。期货是远期的，是将供需的预期放在一个较长的时间区间，分析其趋势并预测价格，能更好地契合钢铁产品生产周期长、需求受经济影响、短期内具有价格刚性等特点，钢铁期货、电子盘的价格对现货价格的影响力越来越大。另外，期货的存在为渠道成员开拓营销渠道、规避市场风险提供了很好的工具，从这个角度来讲，资源的丰富带来依赖程度的降低，因此，相应的渠道权力也就得以降低。同时，期货的套期保值功能可以用来规避价格风险，而套期保值通过期货市场、电子盘和现货市场的联动调节，稳定市场，完善价格机制。

同样，如果有些机构投资者凭借其资金优势、专业人员威望等对市场释放一些关于价格的虚假信号，影响其他投资者对价格的预期，以牺牲他人利益为代价从中牟利，这不仅没有调节稳定市场，反而加大了价格波动和市场风险。这也是目前中国期货市场的一个显著特征，一个期货不成熟、监督机制不健全的表现。因此，中国的钢铁市场尚未实现期货定价机制。

第二节　钢铁流通领域存在的问题及营销渠道改革建议

一、中国钢铁流通领域存在的问题

中国钢铁流通领域普遍的合作模式是钢厂与钢贸商签署长期代理协议。在这种协议下，不只钢贸商饱受这种钢厂主导式的定价形式之苦，钢厂最终也遭受了损失。正是这种看似对钢厂非常有利的经销形式，使钢厂沉浸在自我觉得良好的境地，进而做出不利于渠道合作的价格行为，从而激发渠道成员企业间的利益纠纷和冲突。对比上一章的分析，发现中国钢铁流通领域，存在钢厂和钢贸商之间渠道权力失衡、渠道冲突频发、渠道关系短视等问题。

（一）渠道权力失衡

营销渠道成员拥有的专用性资产/资源的规模及其独特性决定依赖程度，也是决定营销链条内聚力的关键（杜晓静等，2014）。因此，较高的效用和替代的稀缺性是构成渠道依赖关系和渠道权力的两个不可缺少的要素（张闯和夏春玉，2005）。对于稀缺性的评估主要考虑两个因素：一是可以提供类似服务和利益的竞争者的多少；二是渠道伙伴转向竞争提供者的难易程度。竞争者越少、转换难度越大，渠道伙伴的转换成本越高，则渠道伙伴对效用提供者的依赖越大（Coughlan et al.，2001）。本书对深度访谈的文本分析结果显示：因为钢厂握有产品（资源）而在奖励权上占优；这是效用因素的体现。另外，由于钢铁流通领域钢贸商数量众多、服务范围重叠，对于钢厂而言缺少替代的稀缺性，造就了钢贸商渠道权力的缺失，因此，中国钢铁流通领域的渠道权力结构，从略倾向于钢厂的低度依赖均衡到倾向于钢厂的权力失衡再到高度依赖的均衡的转变过程中，均衡状态很难也极少出现，尤其是由于钢厂握有产品资源而占据的不可替代的权力优势，导致钢厂长期"朝南坐"，以价格"倒挂"为代表的利己而不利钢贸商的价格行为普遍存在。因此，钢贸商长期怨声载道，渠道矛盾尖锐，营销渠道整体利益最大化的目标也很难实现。

（二）渠道冲突频发

钢铁流通领域是一个系统链条，钢厂与钢贸商之间本是唇齿相依、休戚与共的利益共同体，也是一荣俱荣、一损俱损的命运共同体。在渠道权利研究文献中，有学者将渠道权力占优方实际使用权力时带来的渠道行为的改变称为渠道控制（Etgar，1977，1978；Skinner & Gultinan，1985）。渠道控制权力的相对大小是供应链成员市场地位的体现，决定着渠道成员的决策顺序，对供应链结构和成员战略决策产生重要影响，也会对事后收益分配产生重要影响（Dietrich，1994；吴正祥和郭婷婷，2017）。在中国钢铁营销渠道中，钢厂希冀钢贸商集中精力为本企业打造通往终端客户的营销渠道。钢贸商则担忧被上游钢厂的强大渠道权力过度控制，由此，倾向于分散产品供应商渠道。例如，由于钢厂的渠道权力较大，因此在制定产品价格时就偏向于以实现钢厂自身的利润目标为主，有时甚至是以牺牲钢贸商利益为前提的。所以，渠道权力尤其是定价权会影响到渠道成员利益的分享，而且，不同的渠道成员利益之间及营销渠道总体利益之间会存在不一致；最终导致营销渠道管理整体利益最大化的目标难以实现。已有的研究大多证明渠道结构为均衡状态时才能实现。因此，渠道权力的失衡导致渠道成员利益分享不均，最终引发渠道冲突。

（三）渠道关系短视

渠道关系通常是由买方和卖家之间的长期关系形成的（Morgan & Hunt，1994），信任、承诺和规范的发展可以影响买家的态度、舒适度和价格敏感性（Dwyer et al.，1987；Rangan et al.，1992）；渠道权力会影响定价决策，定价决策又会影响渠道关系，对改善渠道关系起到关键作用（Kalwani & Narayandas，1995）。在市场化的渠道关系中，由于有限理性的存在及信息的不对称，机会主义行为具有普遍性，这会造成渠道关系短期化，即渠道关系短视，这也是一些企业自建渠道的主要动因（张剑渝，2005）。

本书的文本分析显示：在迅速增长阶段时，钢厂和钢贸商的关系属于交易型，渠道成员独立决策，为了追求自身利益最大化与其他成员进行短期合作或竞争。营销渠道环节也仅是取得局部或个体的最优，不能形成整个营销渠道或流通领域的整体协调和优化。随着市场竞争的加剧和供应链管理思想的发展，这种传统渠道成员之间的关系逐渐变得不合时宜。当战略调整阶段时，整个钢铁行业产能过剩、供给侧结构性改革力度加大，在全行业大面积亏损的新形势下，钢厂依然未能意识到市场形势的改变，不能打破传统二元制定价决策的局限，无视制定系统的市场战略，也没能发展对钢厂市场战略有执行力的专业经销商。不仅如此，还对钢贸商行使惩罚权，导致渠道关系直至冰点、矛盾激化、钢贸商抗议。当战略升级阶段时，在经济进入低度增长、深化产业改革的新形势下，钢厂为了降低库存、增加销售、提高市场占有率，对钢贸商的依存度提高；钢厂和钢贸商的关系才开始向信任、合作转化；但只有少数达成长期的战略联盟。由此可见，钢厂与钢贸商在协作中呈现的矛盾具有明显的时期特性，随着我国钢铁产品消费进入低增长时期，钢厂与钢贸商之间的协作关系也悄然发生变化，从最初的交易性合作到竞争冲突，再向合作共赢转化。在竞争激烈、利润微薄的新形势下，厂商建立互惠互利、荣辱与共、协作共赢的竞争合作机制尤为重要，也是将来发展的必然趋向。

综上所述，在新形势下，钢厂和钢贸商是相互依赖的，销售模式应该向关系型转变，但由于目标不同、渠道权力不对称，导致渠道冲突。渠道冲突不能很好地处理和协调，就会导致双方或者一方利益受损，无法实现渠道共同利益最大化和渠道结构最优化。钢厂不能正确地处理渠道成员关系，钢贸商也不能很好地发挥其在钢铁流通渠道中的市场调节作用。钢厂与钢贸商之间的关系呈现短视，而长期的战略联盟关系是未来的发展趋势。

二、中国钢铁营销渠道改革的建议

营销渠道是联结生产者与最终用户的纽带，是企业营销战略建设中的关键因素之一，市场营销渠道的重要性越来越明显。针对文本分析发现的钢铁流通领域存在的突出问题，本书从营销渠道管理视角提出改革建议。

（一）对钢厂和钢贸商关系的再认识

中国钢铁流通领域存在严重的渠道冲突问题，其根本原因是"社会两难困境"——博弈论著名的"囚徒困境"问题，即营销渠道链条上各主体理性上清楚"合作"才会共赢，但实际操作中却选择"不合作"。渠道权力较大的渠道成员具有较大的渠道管控能力，在渠道成员的协调问题上担任主导角色。如果渠道主导成员不协调渠道成员的利益关系，而是通过牺牲其他渠道成员的利益来增加自身的收益，就会造成渠道冲突。

参照国外的钢铁营销渠道构成来看，钢厂与钢贸商共同组成钢铁行业，钢厂是行业的主体，钢贸商依附于钢厂并延伸钢厂的流通功能。本是同根生，钢贸商运营钢铁产品离不开钢厂，同样钢厂也需要钢贸商来提高市场占有率，尤其是当市场需求疲软、低迷时，钢厂更需要通过钢贸商保障销售共渡难关。从权力使用效果上来讲，应该跨越中期目标，处理好渠道冲突，进入到长期的信任与合作的渠道权力使用效果阶段。在市场经济条件下，钢厂与钢贸商应该是优势互补、共生共荣、互利互惠、彼此信任、合作共赢的协作关系。钢厂和钢贸商，从渠道关系来说应该是长期关系型而不是短视交易型。

另外，现有的研究大部分通过静态的视角分析渠道成员之间的渠道冲突，忽略了渠道成员结构动态变化的特征（龚雪，2017）。文本分阶段动态分析了在冲突频发的表象下，营销渠道权力结构的微妙变化及引起这些变化的深层次的原因。这有利于对症下药，针对性地解决钢铁营销渠道中存在的问题。从定价决策角度来讲：任何一种定价模式或价格政策，都应从稳定市场大局出发，以维持市场稳定为前提。从战略升级阶段的分析发现，厂商之间的不和谐现象正在逐步得到改善。越来越多的钢厂主动向钢贸商发出"调和信号"，让利于钢贸商，重新认识和确立钢贸商在钢铁行业链中的位置，这是钢厂与钢贸商之间树立和健全厂商互利共赢机制的一个迹象，是变"对手"为"战友"的一个良好开端。

(二) 对钢厂及钢贸商的建议

渠道成员之间相互依赖的本质是对资源的依赖，因而进入渠道关系的成员必须拥有一定数量的对方需要且稀缺的资源，这种资源占有量的多寡不仅是该成员能否进入渠道关系的前提条件，而且决定了该成员在渠道权力结构中的位置。

1. 对钢贸商的建议

由于贸易对象是钢铁产品，钢厂因生产钢铁产品（资源）具有先天的渠道权力（奖励权）优势。所以，钢贸商需要通过投资或积累形成独有的稀缺性资源才能改善在营销渠道中的权力弱势地位。对于钢贸商而言，资金实力、市场客户资源与行情把控能力是其生存与发展的关键要素，其中，资金实力与市场客户资源是钢贸商的"硬"资源，行情把控能力是钢贸商的"软"资源。经历过改革洗礼的钢贸商，通过原始积累具备了资金实力，通过研究习得和实践经验获取到对行情把控的能力后，还需要有真实的市场需求才能将这些有用的资源转化为渠道权力。因此，面对低迷的需求市场，市场渠道资源变得尤为重要，因为实现销售才能降低价格风险，让企业生存和发展下去。因此，市场渠道资源的拓展是钢贸企业生存和发展的关键。在流通领域有"渠道为王，终端制胜"的说法，即钢贸商必须拥有一批忠实的终端客户和一批稳定的终端销售渠道，才能将其他的优势转化为实际有用的核心竞争力，为钢厂和客户创造价值，促进钢铁产品的流通。

　　另外，终端客户和营销渠道的开拓和维护，需要有精准到位的服务做保障。从钢贸商的视角来看，就需要有能创造价值的商业模式。著名管理学大师彼得·德鲁克指出："目前企业之间的竞争，不是产品之间的竞争，而是商业模式之间的竞争。"在新形势下，钢贸商不能仅仅提供搬运服务，需要通过提供咨询、定制、加工、配送等个性化的服务来开拓渠道、维护客户、实现盈利。

　　钢贸商举例（上海宝钢商贸有限公司，龚先生）：我们是深入市场前沿阵地，进行广泛、全面的调研，包括钢铁仓库的真实库存量、建筑工程对钢铁需求量及钢厂的排产、销售、库存等第一手信息，进行客观、理性、实事求是的分析，做出符合客观实际的判断，"不要轻易迷信一份报告或数据的作用，钢铁市场关键还是看真实的有效需求"。所以要根据自己的实地调研，实施"参透性经营"策略，这样更利于发现商机，捕捉商机。

　　2. 对钢厂的建议

　　面对行业新形势及钢铁流通领域的各种问题，钢厂要从生产和销售两个方面共同努力，两手都要抓，两手都要硬。一方面，在当前钢铁市场持续疲软、低迷的情况下，钢厂更应坚持没有合同不生产、低于成本不销售、不收到货款不发货，主动控制产能释放，缓解供需矛盾；另一方面，钢厂可以利用钢贸商的资金、销售渠道、人脉资源、灵活的经营模式等诸多优势，来整合产业链、优化资源链，缩短物流链，实现优势互补、信息共享、风险共担、利益均沾，从而增强市场竞争能力和抗风险能力。

　　由此来看，随着国有钢铁企业深化体制、机制改革，创新经营理念，转变营销模式，厂商合作共赢的机遇可期。例如，钢贸商与钢厂可以依托行业组织、实体项目（如物流园或电商平台）成立股份公司，加强合作，实现双方共赢。

　　（三）对钢铁渠道管理的政策建议

　　中国钢铁渠道存在的很多问题来源于经济刺激带来的盲目无序扩张。钢厂方面要积极去产能。而钢贸商如果不能创造新价值就是对营销渠道利益的蚕食；因此，应该制定严格的准入退出机制。早在2009年国务院通过的《钢铁产业调整和振兴规划》就提出，提高钢铁贸易商准入门槛，规范钢铁销售制度，建立产销风险共担机制，发挥流通领域对稳定钢铁市场的调节功能。因此，一方面，钢铁行业必须坚定不移地控制钢铁产量，调整品种结构，加快转型升级的总体政策导向，不断降低钢铁的社会库存，为稳定钢铁价格创造新的条件；另一方面，钢厂和钢贸商必须坚持诚信经营、共同发展的原则，做到同舟共济、相互理解，特别要进一步科学分析和预判市场态势，优化钢铁定价机制，构筑优势互补、共进双赢的利益共同体，进一步以市场法则来规范市场，维护好健康有序的钢铁市场秩序，方能够共渡难关，实现共同发展。这是钢铁渠道成员齐心协力应对挑战和考验的唯一选择。

同时，根据中共中央、国务院印发的《关于深化国有企业改革的指导意见》（中发〔2015〕22号），加大中国钢铁行业的主体——国有钢铁企业在引入市场机制、发展混合所有制经济、委托代理方式等方面的改革力度。这对钢贸商来说，或许是一个发展机遇。国有钢铁企业发展混合经济，有实力的钢贸商可能以参股形式加入国有钢铁企业，参与经营。据悉，目前已有一些钢贸商以股份制形式，与中小型钢铁企业合作。不过，现在大多是民营钢铁企业与钢贸商合作，今后国有钢铁企业也有可能接纳钢贸商。如今，不少国有钢铁企业已确立打造服务型钢铁企业的基本策略，集成产品服务系统，整合产业链，与钢贸商合作，采取委托代理方式，实现差异化经营，达到厂商共赢的目的。

第三节　中国钢铁产品定价机制存在的问题及改革建议

一、价格"倒挂"的原因

（一）表象与真相

从本书前期的统计数据来看（见图1-3），主流钢铁产品（以螺纹钢为例）钢厂出厂价大于当地市场价的价格"倒挂"是普遍现象。从正常的产品价值链视角来看，这显然是个异常现象。因此，本书通过解释学深度访谈方法寻找真相，剖析原因，提出对策。通过文本分析发现该问题存在表象和真相的差异，还因不同的钢厂/不同的贸易商而不同，同时还具有阶段性。

1. 价格"倒挂"的真实性

在访谈中被问及"是否存在出厂价比市场价还高的问题"时，"是"和"否"的回答都有。给予否定答案，认为不存在价格"倒挂"的原因是本书前面提到的价格方案中的优惠政策，即无论钢厂对外公示的出厂价是否低于当地市场价及价差多少，钢厂会通过订货优惠、退补、运费补贴等各项明补暗补政策给予补偿，致使钢贸商实际承担的支付价格比表列价格低几百元甚至上千元；补差后就不存在真实的价格"倒挂"问题。但绝大多数钢贸商直接给予"是"的回答，认为价格"倒挂"肯定是存在的。因此，由当地市场价直接减去钢厂对外公布的出厂价得到的价差，如果是负值，那么为表象的价格"倒挂"；而当地市场价减去钢贸商扣除优惠、退补等补差后最后实际承担的出厂价得到的价差，如果依然是负值，那么为真实的价格"倒挂"。真实的价格"倒挂"对于有些企业是不存在的，也有诸多企业是存在的。与价格"倒挂"现象的真实性对比，其更显著的特征是阶段性。

2. 价格"倒挂"阶段性

对于部分钢厂和钢贸商而言，价格"倒挂"是真实存在的，导致部分钢贸商因为无法生存并获利而退出钢贸业，这本身也是一种优胜劣汰的过程。存活下来的钢贸商，对于价格"倒挂"的回答如果是肯定的，那么必然为："倒挂"肯定是有的，但钢厂会给予返利；虽然有时返利能弥补亏损，有时不能，但肯定是赚钱的时候多。即价格"倒挂"不可能真实地长期存在，具有阶段性。从上节的分析可知，单纯依靠"搬砖头"赚差价的时代已经久远，新形势下的钢贸商必须具有核心竞争力，能够在钢厂和客户之间起到桥梁和纽带作用，提供增值服务，具有盈利能力。根据传统马克思主义经济学，钢贸商的收益根源于钢厂工人创造的一部分价值，是钢厂因为钢贸商替其销售商品，而依据平均利润率让渡给钢贸商的一部分剩余劳动创造的价值。这称为让渡商业利润论。这里的"销售产品"不是简单地买进卖出，而是钢贸商凭借营销专长、加工配送等精细服务，累积大量的客户资源，出货量大，为钢厂实现了一定比例的销售任务，钢厂给予更优惠的折扣返利等，因此，偶尔的价格"倒挂"正常，但长期来看，价格不能"倒挂"，钢厂需要钢贸商来协助销售，钢贸商需要通过赚取销售产品价格扣除支付给钢厂实际承担价后的收益，来维持生存和发展。

3. 价格"倒挂"差异性

从前面的分析得知，钢铁市场，尤其是主流钢铁产品市场，属于完全竞争市场，但在定价问题上具有某地区市场以一两个大品牌为主导钢厂、其他钢厂跟随的特点。有主导地位的钢厂，尤其在市场行情不好时，出于稳定市场的考虑，可能会制定比较高的价格，这时就容易出现价格"倒挂"。其他小钢厂由于对市场的悲观预期，竞相低价抛货，价格"倒挂"问题就不严重甚至不存在。

综合以上分析发现：价格"倒挂"问题存在表象和真实的差异。如果用当地市场价减钢厂对外公布的出厂基准价是负值，那么为价格"倒挂"的表象。从钢铁产能过剩到目前的行业新形势，钢铁产品的价格"倒挂"表象一直存在。但将出厂价中的价格优惠政策规定的各种补贴剔除后依然大于当地市场价，才是真实的价格"倒挂"；真实的价格"倒挂"不是普遍现象，只存在于某个时期的营销渠道中，从长期来看也是不存在的。另外，价格"倒挂"多存在于主导钢厂和某些钢贸商之间。

（二）深层次原因剖析

按照市场经济理论分析，钢铁产品价格长期持续的"倒挂"问题，是钢铁行业野蛮生长的必然结果，也是市场经济、定价机制尚未成熟的表现。

1. 价格"倒挂"一定程度上是形势发展的必然结果

20世纪末到21世纪初，在经济的拉动下，中国的钢铁工业疯狂增长，没有考虑跟相关专业的均衡发展，反映了急功近利的倾向。当价格上涨时，群情亢奋，追加投资，扩大规模，导致产能急速增加，钢贸商囤货炒作获取暴利。行业内如果每个企业都盈利，说明市场失灵，优胜劣汰机制失效。价格高频大幅波动也是不正常的，说明行业发展的无序性和行业竞争的混乱性。钢铁产品属于不可替代的功能性、结构性和基础性材料，这决定了钢铁工业在国民经济中的基础地位。钢铁工业应该有一个相对稳定、适度的发展速度，应该有与行业相匹配的价格水平。简单用钢铁产品的价格高低来衡量钢铁行业，谈发展论繁荣，缺乏科学、长远的发展观。

自2008年全球金融危机以来，在世界经济和中国经济的发展减缓、需求缩水及去产能政策、环保政策等背景下，"四万亿"的刺激计划也无法改变钢铁价格一路下滑的大趋势，仅仅刺激了无序生产，膨胀了钢贸商信贷，从而加大了供需矛盾，带来钢铁产业尤其是钢铁流通领域的大洗牌。随着钢铁期货市场的不断完善，钢铁工业的结构调整，钢厂加大直销、完善营销体系，整个行业工业链的内外部环境都发生着巨大的变化。但供过于求的问题一直存在，钢铁工业一直处于微利甚至亏损阶段。钢厂为了生存自然尽可能地制定较高的出厂价格；从经济学理论——理性经济主体追求自身利益最大化的角度讲，从逻辑上来讲是对的。而对于贸易商而言，尤其是没有对商业模式进行创新和改革、还停留在"搬砖头"阶段的中小型钢贸商来讲，没有核心竞争力、没有创造更多的剩余价值，自然得不到钢厂更多的数量折扣、返利，也无法分享营销渠道环节的利润。

目前新形势下，中国钢铁渠道成员所面临的不再是一个简单的供求市场，而是一个新技术不断涌现、市场迅速变化的竞争性环境，供求双方之间的关系也变得越来越重要；从市场因素来看，钢铁市场无论是需求总量还是需求结构都与现实的供给存在矛盾。价格"倒挂"是一种对钢贸商的优胜劣汰的选择，也是钢铁产品市场定价机制不完善的一个表现。

2. 钢铁产品定价机制不完善

从直观上来看，价格"倒挂"是定价决策的异常结果。但从根源上来分析，价格"倒挂"的原因是目前我国钢铁业和钢铁流通领域还没有一个科学的、完善的、公正的钢铁产品定价机制，没有严格的钢铁产品价格监管机制。总体而言，表现为钢铁流通领域价格运行体系的不健全。

钢厂定价是钢铁产品定价机制的核心环节。以迅速增长阶段为例，钢厂的市场行为尚不成熟，突出特征是重生产和轻流通。因此，产品转移到钢贸商之后就完全失控，钢厂在信息权方面完全处于劣势。渠道建设和市场信息权的缺失及对市场终端价格的影响力的丧失，导致钢厂在进行出厂价的决策时持观望态度及价格调整时间和空间上的"滞后"性，体现出价格刚性。同时，由于信息不对称，渠道成员都希望利用信息来误导对方做出利己的市场决策。当钢贸商对钢铁市场存在价格看涨预期时，往往会囤积商品，以期获得更大的利润，从而造成"需求膨胀"的假象。而对钢铁产品价格存在着看跌预期时，则会持币待购并努力降低自己的库存，造成"需求消极"的假象。钢厂在需求膨胀时，会表现惜售，反之会加大销售力度。因此，由于信息不对称，钢厂和钢贸商在市场预期方面存在差异性。即使在相同的市场预期下，钢厂和钢贸商之间寻找着较为矛盾的行为走向，这说明钢铁流通链条中缺少较为完善的利益约束机制，缺少在保证双方基本利益的前提下充分沟通与协调的机制。由于双方缺少有效的协调机制，其价格调整亦为相互独立的行为，从而助长了价格刚性的存在。

随着期货市场不断完善和电商平台的不断普及，信息不对称问题逐渐好转。传统惯性及钢厂具有的权力占优，导致钢厂缺乏改革定价机制的动力，钢厂的定价决策科学性并未得到改观。钢厂出厂价的涨跌，随意性很大。有的都是钢厂销售部门某位处长或副总确定的，且总是想把价格定得高一些，出现"求高不求低""卖不掉再降也不迟"现象；而有的钢厂的出厂价格频繁调整，从一个月一定价，变成一旬一定价，甚至每周一定价，市场价格还没有涨起来，钢厂出厂价格却涨了起来，总比市场价格领涨一步，那么价格的"倒挂"现象始终存在。

钢铁产品是重要的生产资料，其价格的涨跌涉及众多行业，事关民生，不宜频繁波动、大涨大跌，应以稳定为好。而时下，在钢铁产品的定价问题上，缺乏一个科学的、完善的、公正的定价机制，没有必要的听证会制度，没有专门的机构进行监管，导致"倒挂"现象长期存在，也无人过问。

二、市场价格异常波动与价格"倒挂"的关系

本书第三章用定量方法分析了螺纹钢异常波动的可能原因：原材料为代表的生产成本的波动、国家政策及经济发展带来的供需的波动等。本书第四章从渠道权力视角分析发现，在迅速增长阶段时，钢贸商凭借信息权优势及强大的资金、库存和客户方面的优势，通过影响供给对钢铁产品市场价格有一定的影响力。但后续阶段，钢厂和钢贸商对市场价格失控，钢铁价格由市场决定。后续采用深度访谈定性分析方法也有了一些发现：钢铁产品流通领域的问题助推了钢铁价格运行系统的不足。钢铁价格体系运行不足的两个直接结果是价格异常波动和价格"倒挂"，并且两者之间还存在相互"推波助澜"的关系。

（一）价格"倒挂"增加异常波动

钢铁产品价格的持续"倒挂"，对国内钢铁产品市场价格的稳定是不利的（龚刚和高阳，2013）。例如，当钢铁市场出现价格"倒挂"的异常现象时，钢贸商因为缺少跟钢厂对话解决问题的资源和权力，只能选择降价销售来避免更大的"倒挂"和损失。由于钢贸商市场集中度较低，一家钢贸商降价，其他钢贸商也会跟随降价；连锁效应迅速带动整个市场发生恐慌性抛售。整个过程从价格"倒挂"开始，中间价格波动幅度加大，然后由更大幅度的"倒挂"结束一个循环。在这个简化的短循环中，价格"倒挂"推动了价格的异常波动，且并不需要供需和生产成本的波动。当然，在价格"倒挂"时，钢贸商也并不总是降价抛售，有时贸易商思涨心切，一心想把价格涨上去，从"倒挂"中解放出来，往往在周一、周二试探性地将钢铁价格往上拉升。但由于没有需求支撑，在周三、周四再将报价降下来，到周五试图拉升报价，在一周内，使市场价格形成拉升、回落、再拉升，这显然也增大了市场价格的不稳定性。

（二）价格异常波动助推价格"倒挂"

价格的高频波动给钢厂和钢贸商带来了更大的市场风险。应对风险的办法自然是转移风险。钢厂的应对措施体现在定价上，便是制定价格时的从高和调整价格时的滞后，体现为价格刚性。如果钢厂提高出厂价，但对市场价格又无能为

力，则钢厂提价加深价格"倒挂"程度。此时贸易商通常会减少订货量，使钢厂库存继续增加。如果钢厂因为库存压力而降价促销，又有可能引发市场恐慌情绪，贸易商跟风抛货，使市场价格进一步下滑。因此，价格"倒挂"更加严重。

（三）金融市场投机加重钢铁价格异常程度

由于价格波动引起市场风险，期货市场上进行套期保值是规避风险的一种选择。投机的存在是风险规避有效实施的前提。但投机的存在也增加了中国钢铁市场中价格波动的频率与幅度，使市场风险变得更加无法预知。这样，正常的市场秩序被打乱，终端交易中的价格波动频率和幅度也无章可循，从而逆向影响着钢厂价格调整的无序性，同时助长了价格刚性的发生，因此，期货市场的存在本是为了规避风险，减少价格波动，实际情况却是由于投机的存在，使价格波动和价格"倒挂"问题更加严重。

三、中国钢铁产品定价机制改革的建议

钢铁流通领域中存在权力失衡、价格机制不完善、钢铁产品价格波动频繁和价格"倒挂"现象，导致钢厂和钢贸商的双重边际化①。期货市场的发展是定价机制不断完善升级的表现，但期货市场存在投机行为，可能导致更大的市场风险。钢厂是钢铁市场的经济主体，掌握钢铁市场产品价格形成和变动的客观规律，制定合理的钢铁产品的出厂价格，是钢铁企业必须重点关注的问题。稳定市场价格必须从源头找出问题的症结和解决办法。钢铁行业必须坚定不移地控制钢铁产量，把过剩的产能降下来，缓解供求矛盾；调整品种结构，加快转型升级的总体政策导向，不断降低钢铁产品的社会库存，为稳定合理价格创造新的条件；同时，建立一个科学、合理、规范的钢铁产品定价机制。

（一）钢厂定价流程视角的分析

1. 准确预判市场价格

定价决策主要需要以下三个方面的信息：①经济环境信息，例如，上游原材料的供需情况，下游房地产、基建等需求信息，国家的相关政策等；②行业发展和竞争状况，例如，供求情况、竞争对手的定价、产品信息等；③钢厂自身的优劣势，例如，钢厂的战略目标、产能利用率、成本、信息化程度等。可以借助企

---

① 双重边际化是指制造商和分销商都有一定的市场实力，如果两者缺乏协调时的定价决策，就会导致最终价格高于使制造商和分销商总利润水平最大化的水平。

业内部的 ERP、外部的咨询交易平台等,建立"供、产、销、运、用"五位一体的市场快速反应决策机制,明确定价决策所需的信息。例如,钢厂通常采用 62%铁矿石普氏指数作为定价的风向标,当国外矿石价格发生下跌时,必将传导到原材料成本,钢厂可总结其中的价格变动规律,踩准时机,调整入烧入炉结构配比,实现原料与成品的快速联动机制。根据采集的市场信息,由经营决策部门来集体分析市场趋势,研判购销方案和策略。通过加强信息搜集与分析,提高对价格未来趋势预判的科学性和准确性,为钢厂制定贴近市场价的出厂价提供依据,为出厂基价的确定提供准确的参考点,减少价格"倒挂"。

2. 协调定价目标

钢厂和钢贸商应当从追求各自利益最大化转向追求流通链条整体利益的最大化。钢厂和贸易商在定价时都应换位思考,在一定程度上保证双方的合理利润率,在厂商之间建立起一个合理、公平、稳定的定价机制,从而促进市场规范、有序运行,实现整个产业链的良性发展。目前,许多钢厂和钢贸商都没有区别价格决策所涉及的长期性目标与直接目标,将价格决策时所追求的长期目标作为直接目标来对待,突出表现为将提高收入与利润作为价格决策的第一要求,甚至唯一要素,并用来指导企业的价格行为。其实质是企业将价格当作收入与利润的直接源泉与调整杠杆,并作为价值取向贯穿于企业的价格行为。价格取向的急功近利很容易使钢铁流通链条中的渠道成员企业以追求各自利益最大化为基本目标,渠道成员间缺少协调与沟通,每个渠道成员的定价决策都是独立的,并且这种独立性一方面表现为价格的自我性,另一方面表现为价格的刚性。这种价格刚性在市场需求较为旺盛的前提下尚有可存在的空间与理由。当市场需求萎靡时,只会给钢厂、经销商的利益带来极大损失。完善钢厂与钢贸商的协调机制,避免各自价格行为的独立性,确定定价目标时综合权衡,协调各方利益,是避免价格刚性负面效应的最根本措施。

3. 改进定价方法和定价策略

当前经济形势严峻,钢铁企业需要尽快适应市场体制改革。在主流钢铁产品由卖方市场转化为买方市场这一新的市场形势下,钢厂要适应调整营销战略,改变营销思路,贯彻以用户为中心的现代市场营销观念。将潜在市场按照产品类别和用户需求划分成若干个具有共同特征的细分市场,归类处于同一细分市场的目标客户群。结合客户定位、市场需求定位对目标客户群进行细分,即市场营销对象细分化。通过对产品进行细分,对经销商进行细分,对区域进行细分,企业可以对每个细分市场的采购量、满意度、竞争情况等进行对比分析，总结出有利于本企业的市场机会，使钢厂及时做出营销政策调整，集中销售力量及资源，争做细分市场上的优势品种，然后再占领自己的目标品种市场。对细分市场的区域和产品，钢厂可以差异化定价，对于销往不同地区用户的产品，分别制定不同的价格。区域定价要结合运输方式、运费、运输周期、当地竞争对手、周边资源情况等综合考虑，通常采用给予运输补贴、批量优惠等方式，等货到再考虑钢贸商的运输成本、仓储成本、资金成本、留利等因素，争取在当地占据竞争优势。因此，从定价方法上来讲，要完成从成本导向的成本加成、盈亏平衡法到竞争导向再到顾客导向定价方法的转变。定价策略需要从基于零和博弈的传统二元制定价策略转向超二元制定价策略，力图使定价策略向上下游延伸。

4. 完善价格方案和价格执行/调整

钢厂加强与重点客户和钢贸商的战略合作，根据各自的优势和特点，致力于发展长期、稳定的战略合作关系。钢厂充分发挥自身的资源和工艺、技术优势，在同等条件下，优先保障合作单位所需钢铁产品的供应。战略合作单位充分发挥自身的工程、贸易优势，在承接和参建的工程项目中，优先向业主推荐和吸纳合作钢厂作为钢铁产品的供应方。在投资项目和承接项目自采钢铁时优先采购合作方产品，双方承诺尽可能给予对方价格折扣和优惠条件。实践证明，一些大型钢厂过去实行的月度定价或季度定价还是有道理的。在市场经济环境下，尽管钢铁产品的市场和价格走势不是某一个环节和因素能左右的，但钢厂毕竟是引领钢铁产品价格走向的火车头。在目前的新形势下，维持钢铁市场的稳定，需要钢厂和钢贸商相互理解、促进协调和共同努力，尤其是钢厂责任重大，需要发挥定向仪和稳定器的作用。

（二）减少投机行为，完善期货定价机制

上游铁矿石定价权遥遥无期，钢铁产业产能过剩、钢铁产品市场波动频繁，这些因素构成的新形势在短期内不会改变。钢铁营销渠道成员为了降低风险，可以利用日渐成熟的期货市场，使用金融化的手段来规避风险，锁定收益。购买铁矿石期货，锁定成本；购买钢铁产品的期货，锁定钢铁产品价格风险。在钢铁贸易市场上，钢铁期货的作用本质上是一种风险管理工具，可以提前锁定相应的成本和价格。目前无论是钢厂还是钢贸商，对于钢铁期货市场以及期货交易，从人才、工具到理念仍处于极度缺乏状态。因此，不成熟的期货市场，加上不成熟的期货交易模式，国内钢铁企业不能急于求成、盲目操作，不能过于依赖金融工具或其他企业现成模式。钢厂只有在真正了解金融市场后正视自身的风险、熟谙金融工具和期货市场交易模式后，再来寻找风险与工具的结合点。

建立、完善和规范钢铁市场流通秩序、企业经营行为的法律法规，建立钢铁流通领域管理体系、统计体系、价格体系、标准体系、诚信体系、市场监测体系与市场预警机制等。由于金融知识的匮乏和操作经验的缺失，投资者情绪管理也很难保证。虽然投资者情绪指标不能显著影响期货价格，但能够显著影响市场波动，导致市场波动更加剧烈。根据行为金融学的观点，投资者很容易受市场价格涨跌影响，从而产生"羊群效应"。当价格上涨时，投资者情绪容易高涨，从而导致市场波动更为剧烈，而最剧烈的波动往往发生在行情的顶端。利用金融手段，控制市场风险；规范市场秩序，完善市场机制，制止人为炒作行为；尽快完成从期现结合向最高级商品定价机制——期货定价机制的转变。

（三）行业层面的政策建议

1. 继续推进产业政策，完善价格监督机制

从国家政策层面，继续去产能、调结构；继续推进"常态化"环保限产政策，控制钢铁产能准入机制；提高钢厂和钢贸商的产业集中度；加速钢铁产业的优化升级；同时，完善钢铁领域的价格监督机制；政府也应该通过制定、完善、实施一系列旨在提供公平竞争环境的法律法规，对权力强势成员滥用渠道权力的行为进行一定程度的约束和规范。例如，通过制定相关法律法规，保证各行业充分的竞争程度，可以降低权力强势成员的稀缺性，有效地抑制权力强势成员过高的、不合理的利益诉求，以平衡分销关系双方的权力格局。

2. 搭建公共服务平台，加强服务管理能力

搭建相关职能部门公共服务平台，加强服务、引导市场，弥补市场失灵现象，促进资源的合理配置。加强产业规划等服务管理能力，政府要着眼于整个钢铁服务业的大局，加快制定发展规划，明确发展目标及重点企业加快载体建设和招商，发挥钢铁服务业的产业集群作用。在市场准入方面，政府应提高钢贸企业的市场准入门槛，以预防钢贸企业数量增加而导致的进一步的恶性竞争。在企业培育方面，重点吸引国内外知名的钢铁第三方和第四方物流企业，以加强钢贸企业的互动合作。

3. 推进产业组织建设，培育厂商协调机制

组织成立类似行业协会的民间联系机构，促进厂商联系，推动不同地区、不同市场的价格协调。建立企业领导人定期会晤磋商制度，保持企业各部门间正常

的业务往来和联系，协调矛盾、消除误解、统一立场、共同行动。产业组织机构协调各大城市的当地价格，但并不制定统一的出厂价格，这既防止价格过高，又防止低价销售；在价格水平上考虑企业产品的质量、服务等差异；促进市场从无序走向有序，从恶性竞争趋向良性发展，促进企业间的正常竞争。这对搞好区域市场、推动钢铁市场有序竞争、深化市场体制改革、完善钢铁定价机制会起到积极的作用。

第四节　本章小结

一、钢铁流通领域的两个典型特征及影响

近年来，钢铁流通领域中信息化和金融化不断普及和深化。这两个特征对钢铁流通和钢铁定价机制均产生了重要影响。其中，信息化普及深化的标志之一是B2B电商平台的发展和流行。信息化对流通领域的直接影响是减少信息不对称，极大地削弱了钢贸商的信息权。同时，B2B电商平台为钢铁贸易增添了一条渠道。为此，本书从市场中介视角，对比B2B电商和传统钢贸商的差异，并确认了钢贸商继续存在的必要性和意义。另外，信息化让市场、价格等信息更透明，提高了市场的竞争激烈程度，致使钢厂的定价调整更贴近市场，定价方法和定价策略向动态化、差异化和顾客方向转变。金融化普及深化的标志之一是期货市场的发展与流行。期货市场的套期保值功能可以规避价格风险，激活钢铁市场的流动性，改善钢铁流通效率。同时，通过期货市场、电子盘和现货市场的联动调节，有利于稳定市场，完善价格机制。但投机的存在，可能给市场带来更大的风险。

二、钢铁流通领域的问题及对策

对文本进行分析发现，中国钢铁流通领域中存在着渠道权力失衡、渠道冲突频发、渠道关系短视等问题。长期以来，钢厂强势、钢贸商怨声载道、渠道矛盾尖锐，营销渠道整体利益最大化的目标很难实现。但面对市场低迷的新形势，钢厂与钢贸商应该是优势互补、共生共荣、互利互惠、彼此信任、合作共赢的协作关系。因此，本章对钢厂和钢贸商的关系进行了重新剖析。针对问题，提出对策

和建议。对于钢贸商而言，必须通过投资或积累形成独有的稀缺性"资源"，培育具有核心竞争力的商业模式，为钢厂和客户提供个性化的增值服务，只有充分发挥市场调节作用，才能改变渠道权力的弱势地位，在恶劣的钢贸行业环境下立于不败之地。对于钢厂而言，一方面钢厂严格控制产能；另一方面可以利用钢贸商的诸多优势，来整合产业链，加强与有实力的钢贸商进行战略联盟，增强市场竞争能力和抗风险能力。从政策和行业改革层面上，应该制定严格的准入退出机制，加快钢贸行业的体制改革。

三、对钢铁价格问题的解析及建议

本书采用现象学解释学方法剖析钢铁价格问题，发现价格"倒挂"存在表象和真相的差异，还因不同的钢厂/贸易商而不同，同时还具有阶段性。表象的"倒挂"一直持续存在，而真实的价格"倒挂"对于有些企业是不存在的，也有诸多企业是存在的。另外，价格"倒挂"具有明显的阶段性：偶尔的价格"倒挂"正常，但从长期来看，真实的价格存在"倒挂"会让部分钢贸商退出。因此，经历过优胜劣汰生存下来的钢贸商，不可能长期持续地真实"倒挂"。按照市场经济理论分析，钢铁产品价格长期持续的"倒挂"问题，既是钢铁行业野蛮生长的必然结果，也是市场经济、定价机制尚未成熟的表现。

钢铁价格体系运行不足的两个直观表象便是价格异常波动和价格"倒挂"，两者之间存在相互"推波助澜"的关系。价格"倒挂"增加异常波动，价格异常波动助推价格"倒挂"。金融市场投机加重这两个价格异常现象。为此，本书从钢厂定价流程的每个环节去完善价格的科学性和合理性，强调减少投机行为、完善期货市场的必要性，并从行业层面上提出三个建议：①继续推进产业政策，完善价格监督机制；②搭建公共服务平台，加强服务管理能力；③推进产业组织建设，培育厂商协调机制。

第七章　结论与进一步研究方向

第一节　研究结论

钢铁产品价格高频大幅波动和出厂价高于当地市场价的价格"倒挂"现象是目前中国钢铁流通领域的突出问题，这两个相互"推波助澜"的异常现象共同的焦点是钢铁产品的定价问题，体现钢铁产品价格运行体系的不完善，带来的直接不良后果是钢铁流通领域渠道冲突频发。价格"倒挂"反映钢厂的定价决策问题，深层次是钢铁产品的定价机制问题，因此，本书首先基于钢铁行业所处的新形势，构筑战略导向的定价决策流程框架，将市场价的形成机制跟出厂价决策纳入同一个分析系统中；其次对嵌入渠道权力的钢铁产品定价机制及相关的渠道管理问题进行探索性研究。得到以下四个主要研究结论：

1. 在渠道权力和渠道权力结构方面

钢厂和钢贸商的渠道权力相互影响、动态变化。钢厂的渠道权力主要体现在奖励权和惩罚权两个方面：钢厂在所有的阶段都具有先天的产品资源带来的奖励权优势。但随着经济的发展情况及金融化的普及，奖励权优势在减弱，同时，惩罚权也是动态变化的。对于钢贸商而言，主要拥有其市场/客户方面的营销服务专长等资源赋予的奖励权和有关市场客户的信息权；奖励权呈现由多变少再回弹的动态演变趋势；而信息权则是随着信息化技术不断进步和获取技术便利性增强而持续减弱。渠道权力结构经历了从略倾向于钢厂的低度依赖的总体均衡，到倾向于钢厂的失衡，再到高度依赖的均衡的动态演变过程。

2. 在渠道权力对定价机制的影响方面

渠道权力和权力结构动态变化，渠道权力的使用及其对定价机制的影响也是动态变化的。渠道权力对市场价格的影响，仅仅出现在迅速增长阶段，钢贸商凭借其资金实力和"前店后库"模式，通过钢贸商联盟一致行动，影响供给进而产生对钢铁产品市场价格的影响力。随着钢铁行业的发展和市场体制的不断完善，钢厂和钢贸商成为完全的市场价格的接受者。渠道权力对定价机制的影响主要体现在后续钢厂出厂价格的决策环节，不同的权力在定价决策的不同环节产生不同的影响。具体表现为：从影响路径来看，渠道成员会在价格方案设置（尤其优惠政策）以及价格的执行/调整环节行使渠道权力，以奖励权和处罚权为典型代表；即渠道权力中的奖励权和处罚权会在后续两个环节对定价机制产生直接影响；而专家权、信息权等通过权力结构对出厂价形成机制产生间接的影响。渠道权力的使用效果也从迅速增长阶段的追求短期效益，到战略调整阶段的渠道冲突频发，再到战略升级阶段的部分钢厂与优质钢贸商之间的满意和信任。钢铁流通领域的渠道关系也从短期交易型到博弈竞争，再到长期战略合作转变。

3. 价格异常现象的原因分析及对策建议

通过对钢铁产品市场价的定量实证分析发现，造成钢铁产品市场价格大幅高频波动的原因可能是原材料铁矿石和焦炭价格的高频大幅波动及供需因素的异常波动；而经济宏观环境的变迁会产生难以量化的间接影响。本书后续采用现象学解释学方法，从渠道权力视角分析发现：在进入 21 世纪的前几年（迅速增长阶段），钢贸商对钢铁市场价格具有一定的影响力，而后钢厂和钢贸商完全失去了对钢铁价格的直接影响力。

对于中国钢铁流通领域存在的价格"倒挂"，直接原因是渠道权力向钢厂倾斜，钢厂在制定出厂价格时，未能突破"零和博弈"的局限，让传统的二元制定价策略缺点凸显，渠道冲突频发，渠道关系恶化；深层次原因是中国钢铁定价机制不完善。

价格"倒挂"和价格异常波动之间相互"推波助澜"：价格的异常波动助推了价格"倒挂"的存在和幅度；价格的持续"倒挂"对国内钢铁产品市场价格的稳定又有不利影响。

针对价格异常问题和定价机制不完善，本书提出从定价决策流程完善定价机制的建议，并强调减少投机行为、完善期货市场的必要性，最后从行业层面上提出政策改革建议。

4. 钢铁流通领域存在的问题及建议

中国钢铁流通领域中存在着渠道权力失衡、渠道冲突频发、渠道关系短视等问题。针对这些问题，对钢厂提出降低产能、深化营销改革等管理建议；对钢贸商提出投资"稀缺性"资源、改善渠道权力劣势、增加个性化增值服务和完善商业模式等方面的建议；在政策层面，建议提高钢贸商准入门槛，规范钢铁销售制度。

第二节　进一步研究方向

我国钢铁产品定价机制的改革是 ·项困难重重的系统工程，本书结合目前钢铁行业所处的新形势，建立战略导向的定价决策流程框架，对中国钢铁定价机制的改革和营销渠道的优化做了部分的拓展研究，得到了一些渠道权力视角的研究结论，提出了针对性的改革和管理决策建议。为进一步完善钢铁产品的定价机制，提高营销渠道效益，进一步的研究方向包括以下四个方面：

（1）B2B 电商平台的发展对钢铁产品定价机制的影响，以及电商平台与钢贸商在钢铁流通领域的分工与合作的问题，可以进一步地细化研究。

（2）渠道权力对钢贸商交易决策的影响，也属于渠道管理的研究范畴，可以开展进一步研究。

（3）期货定价是钢铁定价的趋势，因此钢铁期货市场的完善对钢厂定价决策的影响可以做进一步的定量研究。

（4）在研究方法上，本书采用了定性的现象学解释学方法来分析渠道权力对定价决策的影响。任何方法都存在不足，因此，接下来可以尝试其他研究方法来分析钢铁产品的定价机制问题。

参考文献

［1］ Ailawadi K. The Retail Power? Performance Conundrum: What Have We Learned? ［J］. Journal of Retailing, 2001, 77 (3): 299-318.

［2］ Alan R. Andreasen, Philip Kotler, Strategic Marketing for Nonprofit Organizations (7th edition) ［M］. New Jersey: Pearson Education, 2008.

［3］ Andrews, P. W. S. Industrial Analysisi in Economics, in T. Wilson & P. W. S. Andrews (eds.) ［M］. Oxford Studies in the Price Mechanism, Oxford: Clarendon Press, 1951.

［4］ Arya A, Mittendorf B. Sappington DEM. The Bright Side of Supplier Encroachment ［J］. Marketing Science, 2007, 26 (5).

［5］ Aussadavut D, Ming F, Apurva J. A Supply Chain Model with Direct and Retail Channels ［J］. European Journal of Operation Research, 2008 (187).

［6］ Bain J. S. Price Leadership, Barometers and Kinks ［J］. The Journal of Business, 1960, 33 (3): 193-203.

［7］ Bakos, J. Y. Reducing Buyer Search Costs: Implications for Electronic Marketplaces ［J］. Management Science, 1997, 43 (12).

［8］ Bakos, J. Y. The Emerging Role of Electronic Marketplaces on the Internet ［J］. Communications of the Acm, 1998, 41 (8).

［9］ Berger, P. D., Smith, G. E. The Impact of Prospect Theory Based Framing Tactics on Advertising Effectiveness ［J］. Omega, 1998, 26 (5).

［10］ Bettendorf, L., Verboven, F. Incomplete Transmission of Coffee Bean Prices: Evidence from the Netherlands ［J］. European Review of Agricultural Economics, 2000, 27 (1).

[11] Biglaiser, G. , & Friedman, J. W. Middlemen As Guarantors of Quality [J] . International Journal of Industrial Organization, 1994, 12 (4) .

[12] Bolton, L. E. , Warlop, L. , & Alba, J. W. Consumer Perceptions of Price (Un) Fairness [J] . Journal of Consumer Research, 2003, 29 (4) .

[13] Borestein, S. , Cameron, A. C. , Gilbert, R. Do Gasoline Prices Respond Asymmetrically to Crude Oil Price Changes? [J] . Quarterly Journal of Economics, 1997 (112) .

[14] Brown and Johnson. Measuring the Sources of Marketing Channel Power: A Comparison of Alternative Approaches [J] . International Journal of Research in Marketing, 1995 (3) .

[15] Brown J R, Lusch R F, Nicholson C. Power and Relationship Commitment: Their Impact on Marketing Channel Member Performance [J] . Journal of Retailing, 1996, 71 (4) .

[16] Bunte, F. , Peerlings, J. Asymmetric Price Transmission Due to Market Power in the Case of Supply Shocks [J] . Agribusiness, 2003, 19 (1) .

[17] Cao, Y. , Gruca, T. S. , & Klemz, B. R. Internet Pricing, Price Satisfaction, and Customer Satisfaction [J] . International Journal of Electronic Commerce, 2003, 8 (2): 31-50.

[18] Cattani, K. , Gilland, W. Heese H S. Boiling Frogs: Pricing Strategies for A Manufacturer Adding A Direct Channel the Competes with the Traditional Channel [J] . Production and Operations Management, 2006, 15 (1): 40-56.

[19] Cattani, K. , Gilland, W. , Heese, S. , & Swaminathan, J. Boiling Frogs: Pricing Strategies for A Manufacturer Adding An Internet Channel [J]. Production and Operations Management, 2006, 15 (1) .

[20] Chapps, O. , Sherwell, Jr. P. Alternative Approaches in Detecting Asymmetry in Farm-retail Price Transmission of Fluid Milk [J] . Agribusiness, 2007, 23 (3) .

[21] Chen F, Federgruen A, Zheng Y. Coordination Mechanisms for A Distribution System with One Supplier and Multiple Retailers [J] . Management Science, 2001, 47 (5) .

[22] Chen, L. , Finney, M. , Lai, K. S. A Threshold Cointegration Analysis of

Asymmetric Price Transmission from Oil to Gasoline Prices [J]. Economics Letters, 2005 (89): 233-239.

[23] Chiang W K, Chajed D, Hess J D. Direct Marketing, Indirect Profits: A Strategic Analysis of Dual-channel Supply-chain Design [J]. Management Science, 2003, 49 (1).

[24] Choi, S. C. Price Competition in a Channel structure with a Common Retailer [J]. Marketing Science, 1991, 10 (4).

[25] Choi, S. C. Price Competition in a Duopoly Common Retailer Channel [J]. Journal of Retailing, 1996, 72 (2).

[26] Choi, S. Y., Stahl, D. O., & Whinston, A. B. The Economics of Electronic Commerce [M]. Macmillan Technical Publishing, 1997.

[27] Corbett C, Decroix G. Shared Savings Contracts in Supply Chains [J]. Management Science, 2001, 47 (7).

[28] Corbett C, Groote X. A Supplier's Optimal Quantity Discount Policy Under Asymmetric Information [J]. Management Science, 2000, 46 (3).

[29] Coughlan A T. Competition and Cooperation in Marketing Channel Choice: Theory and Application [J]. Marketing Science, 1985, 4 (2).

[30] Coughlan, A T., Erin Anderson, Louis W. Stern and Adel I. El-Ansary, Marketing Channels. 6th [M]. Beijing: Tsinghua University Press, 2001.

[31] Cramon-Taubadel, S., Meyer, Jochen. Asymmetric Price Transmission: A Survey [J]. Journal of Agricultural Economics, 2004, 55 (3).

[32] Dant, R. P. & Schul, P. L. Conflict Resolution Processes in Contractual Channels of Distribution [J]. Journal of Marketing, 1992, 56 (1).

[33] Day, G. S. Jocz, K. E., & Root, H. P. Domains of Ignorance: What Marketers Need to Know [J]. Marketing Management, 1992, 15 (1).

[34] Debenedetti, A., Oppewal, H., & Arsel, Z. Place Attachment in Commercial Settings: A Gift Economy Perspective [J]. Journal of Consumer Research, 2014, 40 (5).

[35] Dolan R J. Quantity Discounts: Managerial Issue and Research Opportunities [J]. Marketing Science, 1987, 6 (1).

[36] Dumrongsiri, A., Ming Fan, Apurva Jain, & Kamran Moinzadeh. A Sup-

参考文献

ply Chain Model with Direct and Retail Channels [J]. European Journal of Operational Research, 2008, 187 (3).

[37] Dwyer, F. R., Schurr, P. H., & Oh, S. Developing Buyer-seller Relationships [J]. Journal of Marketing, 1987, 51 (2).

[38] Dwyer, F. R., Tanner, J. F. Business Marketing: Connecting Strategy, Relationships, and Learning (Vol. 4th) [M]. Boston: McGraw-Hill, 2009.

[39] El-Ansary A. L. & Stern L. W. Power Measurement in the Distribution Channel [J]. Journal of Marketing, 1972, 9 (February).

[40] Emerson. Richard M. Power-dependence Relations [J]. American Sociological Review, 1962 (27).

[41] Fama E. F. Efficient Capital Markets: A Review of Theory and Empirical Work [J]. Journal of Finance, 1970 (2).

[42] Farris P, Kusum A. Retail Power: Monster or Mouse? [J]. Journal of Retailing, 1992, 68 (4).

[43] Forbis, J. L. & Mehta, N. T. Value-based Strategies for Industrial Products [J]. Business Horizons, 1981, 21 (3).

[44] Frazier Gary L. & Summers John. Interfirm Influence Strategies and Their Application within Distribution Channels [J]. Journal of Marketing, 1984, 48 (Summer).

[45] Frazier Gary L., On the Measurement of Interfirm Power in Channels of Distribution [J]. Journal of Marketing Research, Vol. XX (May), 1983a: 158-166.

[46] Frazier, S. S. An Experimental Investigation of Satisfaction and Commitment in Marketing Channnels: The Role of Trust and Dependence [J]. Journal of Retailing, 1996, 1 (72).

[47] Fruchter, G. E. & Tapiero, C. S. Dynamic Online and Offline Channel Pricing for Heterogeneous Customers in Virtual Acceptance [J]. International Game Theory Review, 2005, 7 (2).

[48] Fu, X., Zeng, X. J., Luo, X., Wang, D., Xu, D., & Fan, Q. L., Designing an Intelligent Decision Support System for Effective Negotiation Pricing: A Systematic and Learning Approach [J]. Decision Support Systems,

· 151 ·

2017, 96.

［49］ Gardner, B. L. The Farm-retail Price Spread in A Competitive Food Industry ［J］. American Journal of Agricultural Economics, 1975 (57): 399-409.

［50］ Gaski, John F. The Theory of Power and Conflict in Channels of Distribution ［J］. Journal of Marketing, 1984, 48 (Summer).

［51］ Geylani T, Dukes A J, Sinivasan K. Strategic Manufacturer Response to a Dominant Retailer ［J］. Marketing Science, 2007, 26 (2): 164-178.

［52］ Gunasekaran, A., Marri, H. B., Mcgaughey, R. E., & Nebhwani, M. D. E-commerce and Its Impact on Operations Management ［J］. International Journal of Production Economics, 2002, 75 (1).

［53］ Hadaya, P. Determinants of the Future Level of Use of Electronic Marketplaces: The Case of Canadian Firms ［J］. Electronic Commerce Research, 2006, 6 (2): 173-185.

［54］ Hendrikse, G. Pooling, Access and Countervailing Power in Channel Governance ［J］. Management Science, 2011, 57 (9): 1692-1702.

［55］ Holloway, G. J. The Farm-retail Price Spread in an Imperfectly Competitive Food Industry ［J］. American Journal of Agricultural Economics, 1991 (73): 979-989.

［56］ Hunt. Shelby & Nevin. Power in a Channel of Distribution: Source and Consequences ［J］. Journal of Marketing Research, 1974 (3).

［57］ Indounas, K. & Avlonitis, G. New Industrial Service Pricing Strategies and Their Antecedents: Empirical Evidence from Two Industrial Sectors ［J］. Journal of Business & Industrial Marketing, 2011, 26 (1).

［58］ Ingene A, Parry M. Channel Coordination When Retailers Compete ［J］. Marketing Science, 1995, 14 (4): 360-377.

［59］ Ingene A, Parry M. Is Channel Coordination All It Is Cracked up to Be? ［J］. Journal of Retailing, 2000, 76 (4): 511-547.

［60］ Jeuland A, Shugan S. Managing Channel Profits ［J］. Marketing Science, 1983 (3).

［61］ Johnson J L, Sakano T, Cote J A, et al. The Exercise of Interfirm Power and Its Repercussions in US-Japanese Channel Relationships ［J］. Journal of Marketing, 1993, 57 (2).

[62] J. M. 波亨斯基. 现象学的方法 [J]. 李真译. 世界哲学, 1984 (3).

[63] Kalwani, M. U. & Narayandas, N. Long-term Manufacturer-supplier Relationships: Do They Pay off for Supplier Firms? [J]. Journal of Marketing, 1995, 59 (1).

[64] Kalyanaram, G., Winer, R. S. Empirical Generalizations from Reference Price Research [J]. Marketing Science, 1995, 14 (3_supplement).

[65] Kambil, Ajit, Van, et al. Making Markets: How Firms Can Design and Profit from Online Auctions and Exchanges [M]. Harvard Business School Press Books, 2002.

[66] Kaplan, S., Sawhney, M. E - Hubs: The New B2B Marketplaces [J]. Harvard Business Review, 2000, 78 (3).

[67] Karakayali I, Emir-Farinas H, Akcali E. An Analysis of Decentralized Collection and Processing of End-of-life Products [J]. Journal of Operations Management, 2007, 25 (6): 1161-1183.

[68] Katrichis, J. M. Relative Presence of Business-to-Business Research in the Marketing Literature [J]. Journal of Business-to-Business Marketing, 2009, 16 (1-2): 1-22.

[69] Kim K. On Interfirm Power, Channel Climate and Solidarity in Industrial Distributor-supplier Dyads [J]. Journal of the Academy of Marketing Science, 2000, 28 (3).

[70] Kumar, Nirmalya, Lisa K. Scheer, & Jan-Benedict E. M. Steenkamp. The Effects of Perceived Interdependence on Dealer Attitudes [J]. Journal of Marketing Research, 1995, 32 (August): 348-356.

[71] Kurata, H., YAO, DongQing, LIU, & John, J., Pricing Policies under Direct vs. Indirect Channel Competition and National vs. Store Brand Competition [J]. European Journal of Operational Research, 2007, 180 (1): 262-281.

[72] Kwon, S., Yoo, B., Kim, J., Shang, W., & Lee, G. Reservation Price Reporting Mechanisms for Online Negotiations [J]. Decision Support Systems, 2009, 46 (4): 755-762.

[73] Lee, Federic S. Post Keynesian Price Theory [M]. Cambrigde University

Press, 1998.

[74] Lee, Frederic S. From post-Keynesian to Historical Price Theory, Part Ⅰ: Facts, Theory and Empirically Grounded Pricing Model [J]. Review of Political Economy, 1994, 6 (3): 303-336.

[75] Lee H L, Rosenblatt M J. A Generalized Quantity Discount Pricing Model to Suppliers Profits [J]. Management Science, 1986, 32 (9).

[76] Liu Bin., Zhang Rong, & Xiao Meidan. Joint Decision on Production and Pricing for Online Dual Channel Supply Chain System [J]. Applied Mathematical Modelling, 2010, 34 (12).

[77] Liu Y, Zhang Z J. The Benefits of Personalized Pricing in A Channel [J]. Marketing Science, 2006, 25 (1): 97-105.

[78] Lloyd, T. A., McCorriston. S., Morgan, C. W., & Rayner, A. J. Food Scares, Market Power and Price Transmission: The UK BSE Crisis [J]. European Review of Agricultural Economics, 2006, 3 (2): 119-147.

[79] Mansell, R. Electronic Commerce: Conceptual Pitfalls and Practical Realities [J]. Prometheus, 2003, 21 (4): 429-447.

[80] McCorriston, S., Morgan. C, W, . Rayner, A. Price Transmission: The Interacion between Market Power and Returns to Scale [J]. European Review of Agricultural Economics, 2001 (28): 143-159.

[81] Meyer, Jochen. Measuring Market Integration in the Presence of Transaction Costs-a Threshold Vector Error Correction Approach [J]. Agricultural Economics, 2002, 31 (2): 327-334.

[82] Michel, S. Analyzing Service Failures and Recoveries: A Process Approach [J]. International Journal of Service Industry Management, 2001, 12 (1): 20-33.

[83] Miller, D. J., Hayenga, M. L. Price Cycles and Asymmetric Price Transmission in the U. S. Pork Market [J]. American Journal of Agricultural Economics, 2001 (83): 551-562.

[84] Monahan J P. A Quantitive Discount Pricing Model to Increase Vendor Profits [J]. Marketing Science, 1984, 30 (6).

[85] Moorthy, K. S. Managing Channel Profits: Comment [J]. Marketing Science, 1987, 6 (4).

［86］Moorthy, K. S. Strategic Decentralization in Channels［J］. Marketing Science, 1988, 7（4）: 335-355.

［87］Morgan, Robert M. , & Hunt Shelby D. The Commitment-trust Theory of Relationship Marketing［J］. Journal of Marketing, 1994, 58（July）: 20-38.

［88］Obadia, C. Competitive Export Pricing: The Influence of the Information Context［J］. Journal of International Marketing, 2013, 21（21）: 62-78.

［89］Ong, S. E. Cheng, F. J, & Boza F. S. Oligopolistic Bidding and Pricing in Real Estated Development Experimental Evidence［J］. Journal of Property Investment & Finance, 2003, 41（3）.

［90］Park S Y, Keh H T. Modeling Hybrid Distribution Channels: A Game-analysis［J］. Journal of Retailing and Consumer Services, 2003, 10（3）: 155-167.

［91］Philip Kotler. Marketing Management, 10th［M］. Prentice Hall. Inc, 2000.

［92］Raghubir, P. & Corfman, K. When Do Price Promotions Affect Pretrial Brand Evaluations?［J］. Journal of Marketing Research, 1999, 36（2）.

［93］Rangan, V. K. , Moriarty, R. T. , & Swartz, G. S. , Segmenting Customers in Mature Industrial Markets［J］. Journal of Marketing, 1992, 56（4）.

［94］Read, A. J. , Clark, J. S. The Transmission of Trends in Retail Food and Farm Prices［J］. American Journal of Agricultural Economics, 1998, 80（5）.

［95］Shaffer, G. & Zhang, Z. J. Competitive Coupon Targeting［J］. Marketing Science, 1995, 14（4）: 395-416.

［96］Shapiro, Nina. The Revolutionary Character of Post-keynesian Economics［J］. Journal of Economic Issues, 1977（6）: 3.

［97］Shugan, S. M. Implicit Understandings in Channel of Distribution［J］. Management Science, 1985, 31（4）: 435-460.

［98］Simon, Julian L. , Rice, Edward M. The Theory of Price-Changing and Monopoly Power［J］. Journal of Post Keynesian Economics, 1983-1984, 6（2）: 98-213.

［99］Spulber, D. F. Market Microstructure and Intermediation［J］. Journal of Economic Perspectives, 1996, 10（3）: 135-152.

［100］Stern, L. W. , El-Ansary, A. , & Coughlan, A. T. Marketing Channels［M］. Upper Saddle River, NJ: Prentice-Hall, 1996.

［101］ Stern L. W. , El – Ansary A. Marketing Channels ［M］. New Jersey: Prentice-Hall, Inc. 2001.

［102］ Stewart, D. & Gallen, B. The Promotional Planning Process and Its Impact on Consumer Franchise Building: The Case of Fast-moving Goods Companies in New Zealand ［J］. Journal of Product & Brand Management, 1998, 7 (6) .

［103］ Stigler, G. J. The Law and Economics of Public Policy: A Plea to the Scholars ［J］. Journal of Legal Studies, 1972, 1 (1) .

［104］ Svensson, G. The Theoretical Foundation of Supply Chain Management ［J］. International Journal of Physical Distribution & Logistics Management, 2014, 32 (9): 734-754.

［105］ Thomas K W, Schmidt W H. A Survey of Managerial Interests with Respect to Conflict ［J］. Academy of Management Journal, 1976, 19 (2) .

［106］ Thomas T. Nagle & Reed K. Holden. The Strategy and Tactics of Pricing: A Guide Profitable Decision Making ［M］. Prentice-Hall, 1994.

［107］ Toptal, A. & Çetinkaya, S. The Impact of Price Skimming on Supply and Exit Decisions ［J］. Applied Stochastic Models in Business & Industry, 2015, 31 (4): 551-574.

［108］ Tsay A A. , Agrawal N. Channel Conflict and Coordination in the E-commerce age ［J］. Production and Operations Management, 2004, 13 (1): 93-110.

［109］ Tversky, A. & Kahneman, D. Prospect Theory: An Analysis of Decision under Risk ［J］. Econometrica, 1979, 47 (2): 263-291.

［110］ Tyagi R K. A Characterization of Retailer Response to Manufacturer Trade Deals ［J］. Journal of Marketing Research, 1999, 36 (4) .

［111］ Valuckaité, A. & Snieška, V. Export Pricing in Business–to–business Market ［J］. Eksporto kainodara verslas–verslui aplinkoje, 2007, 54 (4) .

［112］ Weitz, Barton A. , & Jap Sandy D. Relationship Marketing and Distribution Channels ［J］. Journal of the Academy of Marketing Science, 1995, 23 (4) .

［113］ Weldegebriel, H. T. Imperfect Price Transmission: Is Market Power Really to Blame? ［J］. Journal of Agricultural Economics, 2004, 55 (1) .

［114］ Wohlgenant, M. K. Demand for Farm Output in a Complete System of Demand Functions ［J］. American Journal of Agricultural Economics, 1989 (71):

241-252.

［115］Working H. A Theory of Anticipatory Prices ［J］. American Economic Review, 1958 （2）.

［116］Working H. The Theory of Price of Storage ［J］. American Economic Review, 1949 （6）.

［117］Zhang, J. Z., Netzer, O., & Ansari, A. Dynamic Targeted Pricing in B2B Relationships ［J］. Marketing Science, 2014, 33 （3）：317-337.

［118］Zhao, H. Raising Awareness and Signaling Quality to Uninformed Consumers：A Price-advertising Model ［J］. Marketing Science, 2000, 19 （4）.

［119］埃克伦德·小罗伯特·B，赫伯特·罗伯特·F. 经济理论和方法史 ［M］. 北京：中国人民大学出版社，2002.

［120］伯特·罗森布罗姆. 营销渠道 ［M］. 宋华等译. 北京：中国人民大学出版社，2006.

［121］曹建忠，卢虎生. 基于成本的钢铁企业营销渠道研究 ［J］. 前沿，2012 （3）.

［122］曹永福. 格兰杰因果性检验评述 ［J］. 数量经济技术经济研究，2006 （1）.

［123］曹玉珊. 商品价格波动与企业经营风险的相关性：理论与证据——兼议企业运用金融衍生品的有效性 ［J］. 江西财经大学学报，2012 （2）.

［124］晁钢令. 市场营销学的理论内核——交换障碍的克服 ［J］. 市场营销导刊，2002 （6）.

［125］陈标金. 期货定价思想的演进与评析 ［J］. 江西社会科学，2014 （1）.

［126］陈海鹏，卢旭旺，申铉京，杨英卓. 基于多元线性回归的螺纹钢价格分析及预测模型 ［J］. 计算机科学，2017 （44）.

［127］陈进. 大宗商品电子商务 ［M］. 北京：化学工业出版社，2013.

［128］陈涛. 国外营销渠道冲突及其管理研究综述 ［J］. 外国经济与管理，2003 （8）.

［129］陈希，王景强，王玉峰. 基于人工神经网络钢铁价格的分析与预测 ［J］. 自动化与仪表，2010 （12）.

［130］陈欣，刘明，刘延. 碳交易价格的驱动因素与结构性断点——基于中

国七个碳交易试点的实证研究［J］. 经济问题, 2016 (11).

［131］褚土涛, 徐合辉. Wti 和 Brent 原油价格倒挂的原因及其影响［J］. 国际石油经济, 2011 (9).

［132］崔丙群, 周庭锐. B2B 价格促销策略对客户订购倾向影响的实证研究［J］. 华东理工大学学报 (社会科学版), 2016 (3).

［133］崔晓明, 姚凯, 胡君辰. 交易成本、网络价值与平台创新——基于 38 个平台实践案例的质性分析［J］. 研究与发展管理, 2014 (3).

［134］戴希忠, 熊汉梅, 谢律飞, 郑昀辉. 钢铁企业营销渠道结构的选择［J］. 冶金经济与管理, 2009 (1).

［135］邓磊. 我国钢铁价格波动趋势及影响因素的实证研究［J］. 价格理论与实践, 2014 (8).

［136］窦凯, 朱晓林, 焉亮. 环境经营战略下的钢铁产品绿色定价策略［J］. 辽宁科技大学学报, 2012 (3).

［137］范林凯, 李晓萍, 应珊珊. 渐进式改革背景下产能过剩的现实基础与形成机理［J］. 中国工业经济, 2015 (1).

［138］方雯, 冯耕中, 陆凤彬, 汪寿阳. 期货保证金调整对中国钢铁市场价格发现的影响研究［J］. 中国管理科学, 2015 (2).

［139］方雯, 冯耕中, 陆凤彬, 汪寿阳. 重大事件发生背景下的中国钢铁市场价格主导作用研究［J］. 管理评论, 2014 (8).

［140］冯耕中, 卢继周, 赵绍辉. 大宗商品电子交易市场理论与实践［M］. 北京: 科学出版社, 2016.

［141］冯梅, 相晨曦, 杨佳琳. 钢铁产业去产能、纵向一体化与竞争力［J］. 经济问题, 2016 (8).

［142］付莲莲, 邓群钊. 农产品价格波动影响因素的通径分析——基于 2000~2013 年月度数据［J］. 经济经纬, 2014 (6).

［143］高铁梅, 孔宪丽, 刘玉, 胡玲. 中国钢铁工业供给与需求影响因素的动态分析［J］. 管理世界, 2004 (6).

［144］格兰诺维特. 镶嵌: 社会网与经济行动［M］. 罗家德译. 北京: 社会科学文献出版社, 2007.

［145］龚刚, 高阳. 理解商业周期: 基于稳定和非稳定机制的视角［J］. 经济研究, 2013 (11).

［146］龚雪．渠道冲突问题研究述评与展望［J］．管理现代化，2017（1）．

［147］郭华山．大宗商品电子交易市场价格形成功能的实证研究——以渤海商品交易所为例［J］．武汉金融，2015（8）．

［148］韩立岩，尹力博．投机行为还是实际需求？——国际大宗商品价格影响因素的广义视角分析［J］．经济研究，2012（12）．

［149］黄桂田，徐昊．钢铁价格的波及效应——基于投入产出分析［J］．经济问题，2018（7）．

［150］黄河，谢玮，任翔．全球大宗商品定价机制及其对中国的影响：结构性权力的视角——以铁矿石定价机制为例［J］．外交评论，2013（2）．

［151］黄文彪，徐学荣，吴元兴．我国农资价格、粮食价格和农村 CPI 之间传导机制分析——基于农业产业链视角［J］．技术经济，2012（6）．

［152］黄新飞，陈思宇，李腾．我国零售商品价格行为研究——来自长三角 15 个市超市的微观证据［J］．管理世界，2014（1）．

［153］蒋廉雄，冯睿，朱辉煌，周懿瑾．利用产品塑造品牌：品牌的产品意义及其理论发展［J］．管理世界，2012（5）．

［154］杰克·赫舒拉发，阿米亥·格雷泽，大卫·赫舒拉发．价格理论及其应用：决策、市场与信息［M］．北京：机械工业出版社，2009.

［155］科斯，诺思，威廉姆森．制度、契约与组织：从新制度经济学角度的透视［M］．北京：经济科学出版社，2003.

［156］肯特·B. 门罗．定价：创造利润的决策［M］．孙忠译．北京：中国财政经济出版社，2005.

［157］赖弘毅，晁钢令．渠道权力的使用效果研究——基于元分析技术［J］．南开管理评论，2014（1）．

［158］劳伦斯．劳氏成本会计［M］．中译本．上海：立信会计图书用品社，1950.

［159］李东方．论社会主义市场价格机制［J］．财经问题研究，1994（9）．

［160］李静晶．我国螺纹钢期货价格与现货价格研究［J］．金融经济，2016（3）．

［161］李丽华，王欣．我国钢铁价格影响因素研究——基于宏观经济因素视

角的分析［J］. 价格理论与实践，2014（1）.

［162］李岩. B2B 电子交易市场使用与信任问题研究［M］. 北京：经济管理出版社，2017.

［163］李拥军，于涛. 关于钢铁企业现行主要定价模式的优劣分析［J］. 中国钢铁业，2006（3）.

［164］李治文，马志强，熊强，田刚. 搜索成本对 B2B 交易的影响研究——基于上游企业主导搜索的分析［J］. 运筹与管理，2018（2）.

［165］梁波，王海英. 权力游戏与中国石油产业定价机制的变迁［J］. 中国流通经济，2017（9）.

［166］刘宏. 我国钢铁期货对现货价格波动的影响［J］. 中国流通经济，2011（12）.

［167］刘金山，王晓晓. 中外螺纹钢期现价格互动效用研究［J］. 商业研究，2015（1）.

［168］刘良华. 何谓"现象学的方法"［J］. 全球教育展望，2013（8）.

［169］刘树杰. 价格机制、价格形成机制及供求与价格的关系［J］. 中国物价，2013（7）.

［170］陆芝青，王方华. 营销渠道变革的作用机理研究［J］. 上海经济研究，2004（4）.

［171］罗伯特·S. 平狄克，丹尼尔·L. 鲁宾费尔德. 微观经济学［M］. 高远等译，北京：中国人民大学出版社，2012.

［172］马红旗. 产能利用率、企业性质与经营效益——基于钢铁企业的实证分析［J］. 上海财经大学学报，2017（6）.

［173］马红旗，黄桂田，王韧，申广军. 我国钢铁企业产能过剩的成因及所有制差异分析［J］. 经济研究，2018（3）.

［174］马静，田利. 新常态经济、市场化改革和中国金融风险［J］. 经济研究，2015（3）.

［175］马祖军. 供应链中供需协调及数量折扣定价模型［J］. 西南交通大学学报，2004（2）.

［176］美国财务会计准则委员会. 论财务会计概念［M］. 北京：中国财政经济出版社，1993.

［177］倪明，王武. 电子商务环境下商品定价策略研究综述［J］. 图书情

报工作，2011（2）.

［178］倪中新，卢星，薛文骏．"一带一路"战略能够化解我国过剩的钢铁产能吗——基于时变参数向量自回归模型平均的预测［J］．国际贸易问题，2016（3）.

［179］彭雷清，吴单．专用资产投资、依赖不对称性对分销商战略信息分享的影响［J］．广东财经大学学报，2012（3）.

［180］浦徐进，石琴，凌六一．直销模式对存在强势零售商零售渠道的影响［J］．管理科学学报，2007（6）.

［181］齐建国，王红，彭绪庶，刘生龙．中国经济新常态的内涵和形成机制［J］．经济纵横，2015（3）.

［182］钱丽萍，赵阳．经销商权力使用对供应商信任的影响［J］．经济管理，2010（7）.

［183］曲红涛，庄新田，田琨，苑莹．我国螺纹钢线材市场的分形特征［J］．系统管理学报，2014（2）.

［184］石宝峰，李爱文，王静．中国螺纹钢期货市场价格发现功能研究［J］．运筹与管理，2018（27）.

［185］石晓梅，冯耕中．大宗商品电子交易市场关键风险识别研究：基于实证的探讨［J］．管理评论，2010（12）.

［186］石晓梅，冯耕中，邢伟．中国大宗商品电子交易市场经济特征与风险分析［J］．情报杂志，2010（3）.

［187］斯密德阿．制度与行为经济学［M］．中译本．北京：中国人民大学出版社，2004.

［188］孙浩，达庆利．考虑渠道权力结构和风险规避的闭环供应链差异定价机制研究［J］．工业技术经济，2013（3）.

［189］孙泽生．市场结构、规模经济与中国铁矿石定价策略［J］．产经评论，2011（5）.

［190］汤乐明，张群．钢铁期货套期保值功能研究［J］．技术经济与管理研究，2011（3）.

［191］唐·E. 舒尔茨，苏宇，陈瑞乾．整合营销传播的发展方向［J］．销售与市场，2001（6）.

［192］唐健，谭永忠，徐小峰．中国商住用地价格倒挂及其产生机理

[J]．中国土地科学，2011（1）．

[193] 田志龙，贺远琼，衣光喜，赵昌旭．寡头垄断行业的价格行为——对我国钢铁行业的案例研究 [J]．管理世界，2005（4）．

[194] 田志龙，衣光喜．战略视角下的企业定价流程 [J]．经济管理，2004（21）．

[195] 汪建坤．五种价格理论及其比较分析 [J]．数量经济技术经济研究，2001（1）．

[196] 汪应洛，王刊良，冯耕中．我国电子商务对管理影响研究的现状与不足 [J]．中国软科学，2000（3）．

[197] 王德章．价格学 [M]．北京：中国人民大学出版社，2006.

[198] 王京．新经济时代下，上海钢铁贸易流通业发展现状与对策研究 [J]．工业经济论坛，2018（5）．

[199] 王锐，陈倬．"十一五"期间我国农产品价格波动的影响因素分析——基于协整和向量自回归模型的实证研究 [J]．财经论丛，2011（3）．

[200] 王文宾，达庆利，聂锐．考虑渠道权力结构的闭环供应链定价与协调 [J]．中国管理科学，2011（5）．

[201] 卫海英，李清，杨德锋．品牌危机中社会关系冲突的动态演化机理——基于解释学的研究 [J]．中国工业经济，2015（11）．

[202] 魏玮，王洪卫．房地产价格对货币政策动态响应的区域异质性——基于省际面板数据的实证分析 [J]．财经研究，2010（6）．

[203] 温桂芳．新市场价格学 [M]．北京：经济科学出版社，1999.

[204] 吴海民．市场关系、交易成本与实体企业"第四利润源"——基于2007~2011 年 370 家民营上市公司的实证研究 [J]．中国工业经济，2013（4）．

[205] 吴正祥，郭婷婷．不同批发价格谈判模式与渠道权力结构下的双渠道供应链博弈研究——基于营销努力视角 [J]．南京工业大学学报（社会科学版），2017（3）．

[206] 邢伟，汪寿阳，赵秋．考虑渠道公平的双渠道供应链均衡策略 [J]．系统工程理论与实践，2011（7）．

[207] 许丽君，杨丽，李帮义．不同控制模式下差异化渠道中的价格形成机制及其稳定性 [J]．系统工程理论与实践，2009（10）．

［208］许毅．成本管理大辞典［M］．北京：经济管理出版社，1987．

［209］杨慧．对角线转移：渠道权力理论研究的新视角［J］．当代财经，2002（8）．

［210］杨丽，王成林，兰卫国，杨新改．基于价格歧视策略的分销渠道控制机制研究［J］．统计与决策，2012（24）．

［211］叶耿介．对我国钢铁行业的价格行为研究［J］．海南金融，2007（5）．

［212］张闯．营销渠道控制：理论、模型与研究命题［J］．商业经济与管理，2006（3）．

［213］张闯，夏春玉．渠道权力：依赖、结构与策略［J］．经济管理，2005（2）．

［214］张建良，周芸，徐润生，王广伟，焦克新．中国制造2025：推进钢铁企业智慧化［J］．中国冶金，2016（2）．

［215］张剑渝．渠道依赖：关系要素及影响［J］．财经科学，2005（3）．

［216］张兰英，杨巍．"十三五"期间钢铁价格影响因素的研究［J］．冶金财会，2017（8）．

［217］张黎，Dickson，M. A. 渠道权力理论与国外品牌服装在我国的营销渠道［J］．南开管理评论，2004（4）．

［218］张李义，范如国．电子商务的成本——效益构成与分析［J］．科技进步与对策，2001（3）．

［219］张蜀林，霍建强．价差期权的合约设计、定价与实证分析——基于冶炼价差期权的应用［J］．北京工商大学学报（社会科学版），2018（1）．

［220］张廷龙，梁樑．不同渠道权力结构和信息结构下供应链定价和销售努力决策［J］．中国管理科学，2012（2）．

［221］张小麟．试析联产品价格/产量决策方法之应用［J］．财经理论研究，1994（2）．

［222］赵昌旭．从交易成本经济学的角度分析钢铁企业营销渠道的构建［J］．中国物流与采购，2004（9）．

［223］赵改书，唐现杰．企业定价学［M］．北京：北京经济学院出版社，1992．

［224］周亮．投资者情绪对商品期货价格及波动率的影响研究——以螺纹钢

期货为例［J］．武汉金融，2019（1）．

［225］周男，张晓斌，刘芸．国际经贸新形势下大宗商品贸易定价机制研究——以棉花等为例［J］．纺织报告，2017（5）．

［226］朱富强．不确定情形下的市场定价机制：基于心理权力框架对新古典价格理论的审视［J］．财经研究，2018（5）．

［227］朱靖翔．基于内存计算的钢铁价格预测算法研究［J］．计算机科学，2014（41）．

［228］庄贵军．权力、冲突与合作：西方的渠道行为理论［J］．北京工商大学学报（社会科学版），2000（1）．

［229］庄贵军，周筱莲．权力、冲突与合作：中国工商企业之间渠道行为的实证研究［J］．管理世界，2002（3）．

附录　访谈提纲

一、钢厂

您认为是否存在钢铁产品出厂价高于当地市场价的问题？（先确认价格"倒挂"问题的真实情况）

（1）价格"倒挂"对贵公司有影响吗？具体情况怎样？

（2）贵公司如何对钢铁产品进行定价？

（3）定价的目标？

（4）定价的频率（按月/周/日）

（5）定价时考虑的因素？

（6）参考价格？（参考信息平台信息？）

（7）定价方法？

（8）定价策略？

（9）谁来定价？（销售部/市场部经理？营销部门？）

（10）定价的程序是怎样的？

（11）您如何选择和看待钢贸商？

（12）钢贸商在贵公司营销中的地位/作用是怎样的？是可有可无？很依赖？

（13）钢贸商相比钢厂有哪些优势？资源？

（14）如何选择钢贸商？贵公司最大的钢贸商是哪家？占比多少？

（15）钢厂与钢贸商的关系是合作还是竞争关系？

（16）钢厂与钢贸商的关系中谁是主导？谁的权力更大？

（17）贵公司定价时是否考虑钢贸商的利益/生存状况？

（18）您认为钢铁产品出厂价高于市场价的原因有哪些？

（19）贵公司针对价格"倒挂"在营销价格和营销渠道方面做了哪些改变/措施？

二、钢贸商

（1）您认为是否存在钢铁产品出厂价高于当地市场价的问题？（先确认价格"倒挂"问题的真实情况）

（2）您怎么看待钢铁产品价格大幅高频波动和价格"倒挂"问题？

（3）贵公司在钢铁企业出厂价制定时有影响力吗？出现价格"倒挂"后有向钢厂申诉/争取过吗？

（4）您如何看待钢厂与贵公司（钢贸商）的关系？

1）您认为钢贸商在钢厂营销中的地位/作用是怎样的？是可有可无？很依赖？

2）钢贸商与钢厂相比有哪些优势和资源？

3）钢贸商与钢厂的关系是合作还是竞争关系？

4）钢贸商与钢厂的关系中谁是主导？谁的权力更大？

（5）您认为钢铁产品出厂价高于市场价的原因有哪些？

（6）价格"倒挂"对贵公司有怎样的影响？针对价格"倒挂"问题采取了哪些措施/应对手段？成效如何？

后 记

　　本书是教育部人文社科青年基金项目（13YJC790145）的研究成果，同时得到浙江外国语学院科研资金的支持。在本书的写作过程中，得到了多方的帮助。特别是上海钢联股份有限公司杭州分公司的范爱娣经理和冷松涛同志，在资料搜集方面给予了无私的帮助，为我联系参加论坛、引荐专家、提供钢铁价格的相关数据，在此，对范爱娣经理和冷松涛同志表示衷心的感谢。

　　本书是在我博士论文的基础上完善和延伸而成的。在此，感谢我的博士导师陈启杰教授和晁钢令教授。两位教授渊博的学识、严谨认真的作风，让我收获颇丰。感谢孙泽生教授，孙教授是我进入大宗商品定价机制研究的领路人，在本书的写作初级阶段给予我多方面的建设性意见。感谢我亲爱的家人，给予我诸多家庭和精神上的支持。还特别感谢浙江外国语学院国际商学院的领导和同事，给予我很多研究和工作上的支持。最后感谢本书的责任编辑任爱清老师，感谢她对本书认真严谨的审读，提出许多宝贵意见，让本书如期出版。

　　由于本人水平和精力有限，书中难免存在不足与疏漏之处，敬请广大读者批评指正并给予谅解。

王淑云

2022 年 8 月